は じ め に

　「JSSI 免震構造施工標準」は健全なる免震建築物の普及を目指す日本免震構造協会の活動の一端を担い、免震建築物の施工品質の確保を目的として 2001 年に初版が発刊されました。以来、設計技術、施工技術の進歩や震災の教訓を受け止めながら、免震建築物の高品質化を実現するために定期的に改訂を行っています。

　日本の免震建築物は 1980 年代に建設されはじめ、1995 年兵庫県南部地震を契機にその有用性が広く世間に知られ、建設棟数は急増しました。2004 年新潟県中越地震では「BCP（事業継続計画）」という概念のもと、建物にはより高い性能が求められるようになり、免震構造への関心が再度高まりました。そして 2011 年東北地方太平洋沖地震では免震エキスパンションジョイントに関わる不具合が新たに報告される一方で、免震建築物の構造安全性がそれまで以上に実証されることとなりました。さらに 2016 年に熊本県を中心に直下型ともいえる強い地震が発生し、一般建物に多くの被害が報告されましたが、免震建築物は構造的な被害を受けることはありませんでした。このように免震建築物は様々な地震を経験するたびに高機能化・高性能化が図られ、広く普及するに至りました。

　前回の改訂（2017 年版）では高度化する構工法技術に対応するため、品質確保の基本となる施工計画の立案に関する章を新設し、施工計画書の作成に活用できる詳細な施工計画チェックシートを掲載しました。そして本書 2021 年版では、免震層およびその上階の施工精度を向上させることを目的として免震部材の仮設拘束について詳述するとともに、読者からの要望が多かった中間階免震に関する記述を増強し、オイルダンパーの施工計画に関する節を新設しました。

　今日、免震工事の重要性は広く認識され、施工技術も向上しましたが、未だ完璧な工法が確立したわけではなく、改善・改良すべき部分は多く残されています。本書は「JSSI 免震構造施工標準」ですが、その「標準」に縛られ、新たな発想、新たな一歩が踏み出しづらくなる状況は我々の企図するところではありません。より安心安全な免震建築物が、より広く利用されることを目指すためには、みなさんの創意工夫を構工法の改善・改良に展開していくことが最も重要です。みなさんに本書をご活用いただき、免震建築物の構工法がさらに発展していくことを希望いたします。

2021 年 6 月

一般社団法人　日本免震構造協会

技術委員会／施工部会

目　　次

「JSSI 免震構造施工標準 2021」編集委員名簿

技術委員会施工部会

◇委員長

淵 本　正 樹　　清水建設株式会社

◇幹　　事

谷 川　友 秀　　昭和電線ケーブルシステム株式会社

◇委　　員

青 田　晃 治　　前田建設工業株式会社

安 藤　　丘　　株式会社特研メカトロニクス

大 津　智 紀　　三井住友建設株式会社

岡 本　真 成　　カヤバシステムマシナリー株式会社

小 川　政 彦　　株式会社竹中工務店

小 倉　　裕　　株式会社免制震ディバイス

門　　隆 司　　オイレス工業株式会社

駒 込　亮 一　　株式会社東京建築研究所

紺 野　裕 之　　大成建設株式会社

高 岡　栄 治　　鹿島建設株式会社

寳 田　裕 貴　　日本インシュレーション株式会社

馬 場　朝 之　　戸田建設株式会社

平 井　弘 毅　　株式会社アルテス

◇アドバイザー

海老原 和 夫　　元株式会社大林組

小 塚　裕 一　　株式会社竹中工務店

舘 野　孝 信　　戸田建設株式会社

鶴 谷　　巌　　夢構造コンサルタント

中 澤　俊 幸　　株式会社東京建築研究所

原 田　直 哉　　株式会社アルテス

◇協力委員

石 井　秀 雄　　株式会社 TOZEN

根 本　訓 明　　株式会社 TOZEN

堀 江　秀 和　　株式会社 TOZEN

1．総　　則

1.1　適用範囲

> 本施工標準は、免震建築物における免震層の施工、免震部材の設置および関連する部位の施工に適用する。

本施工標準の対象とする免震建築物は、下記の項目に該当するものをいう。

⑴　建築基準法・施行令に定められた使用材料、許容応力度、材料強度および免震材料[1]（以下「免震部材」と記す）等を使用した免震建築物

⑵　免震部材が、最下階床以下のレベルに設置されている基礎免震建築物および中間階柱頭、中間階間の独立した免震層に設置されている免震建築物[2]

⑶　新築の免震建築物[3]

[1]　平成 12 年建設省告示 1446 号、2010 号、平成 27 年国土交通省告示 81 号および平成 28 年国土交通省告示 794 号による免震材料を示す。

免震材料は告示により

イ．支承材（弾性系、すべり系、転がり系）

ロ．減衰材（弾塑性系、流体系）

ハ．復元材

と定められており、製作者は原則として種別ごとに指定建築材料の認定を取得する必要がある。

[2]　建築基準法上、基礎部に設置された支承材は基礎とみなされる。中間階柱頭、中間階の独立した免震層に設置された支承材は柱とみなされる。

[3]　ただし、レトロフィット免震等において、免震部材の製作管理や、基本的な設置・施工に関する規定は準用してもよい。

1.2　準拠する基規準等

> 本標準に記載のない事項は、下記の基規準（最新版）に準拠する。
> ○建築基準法・施行令・国土交通省告示および建設省告示[1]
> ○建築工事標準仕様書・同解説—JASS5　鉄筋コンクリート工事
> 　　　　　　　　　　　　　　　　　　　　　　　　　（（一社）日本建築学会）
> ○建築工事標準仕様書・同解説—JASS6　鉄骨工事　（（一社）日本建築学会）
> ○免震建物の設備標準（（一社）日本免震構造協会編）
> ○免震建物の維持管理基準（（一社）日本免震構造協会編）
> ○免震部材標準品リスト（（一社）日本免震構造協会編）
> ○免震エキスパンションジョイントガイドライン（（一社）日本免震構造協会編）
> [1]　平成 12 年建設省告示 1446 号は 2019 年 9 月 30 日に改正されたため、国土交通省 HP にて確認のこと。改正告示は、2020 年 4 月 1 日施行後、2021 年 4 月（一部は 10 月）に切り替えとなり、免震・制振材料は改正告示に対応していないと販売できない。改正告示では、免震材料に対して出荷試験の生データの保存、データ改ざん防止、第三者立会の社内規定の整備が求められている。過去の大臣認定品については、新規に大臣認定を受けたか、性能評価機関において任意の評定を受けている必要があるため、注意を要する。

1.3　用　　語

本標準に使用する主な用語を以下のように定める。

・**アイソレータ（支承材）**：鉛直荷重を支持し、上部構造、下部構造間を振動的に絶縁することにより、上部構造の揺れの衝撃を小さくする部材。（→ 3.1）

・**加速度**：物体がある方向に運動するとき、その速度に対する時間的変化の割合を加速度という。物体にその変化の方向に対して力を作用させると加速度が生じる（ニュートンの第2法則）。地震時には建物に慣性力が生じ、加速度が発生する。加速度の単位は cm/s^2 であるが、cm/s^2 を gal ということもある。

・**可撓配管継手**：免震建築物の上部構造と下部構造間の大きな相対変形を吸収できる機構を持った配管継手のことで、免震層に設置される。各配管継手の仕様、変形量はその重要度に応じて設計者が適切に定める。免震構造専用の既製品がある。（→ 3.4）

・**許容荷重**：積層ゴムの場合、載荷される荷重の許容値をいう。一般的には、長期荷重と短期荷重の二つがあり、長期の許容荷重は積層ゴムのクリープや耐久性で決まり、短期の許容荷重はアイソレータの限界変形時性能（荷重と座屈・破断の関係など）に安全率を掛けて決まる。大臣認定では、限界時の荷重から長期・短期の許容荷重の限界値が規定されている。

・**グラウト**：アイソレータ下部ベースプレートと下部基礎躯体の間隙に密実に充填される高強度のセメント材料（無収縮モルタル等）で、上部構造の重量、地震時に生じる付加軸力、せん断力を、アイソレータを介して下部構造により確実に伝達させる役割を有する。（→ 5.5）

・**クリープ**：一般的には、ゴムに生じる永久的な塑性変形をいう。積層ゴムの場合、圧縮方向に生じるひずみを指す。積層ゴムは、建物の重量という大きな圧縮荷重を長期間支えるために、積層ゴムのクリープ特性を予測（検討）しておくことが重要である。1〜2年の短期のクリープ量から長期のクリープ量を予測するために、クリープ量推定式が使われている。それによると、60年程度経過後のクリープ量は、積層ゴムのゴム総厚さの数％程度と予測されている。

・**剛心**：構造物に地震力のような水平力が作用すると、柱や壁体はそれぞれの剛性に応じて水平力に抵抗するため、剛性が偏って分布していると構造物は水平方向の揺れに加えてねじれが生じる。この時の回転中心を剛心、建物の重量分布の中心を重心という。この剛心と重心が一致しないときは、両者の距離に比例したねじりモーメントが生じ、構造物は回転する。免震建築物の場合、上部構造の重心と免震層の剛心を一致させ、免震層に偏心がないように設計していれば、免震層自体のねじれ振動は小さく、たとえ上部構造の偏心が大きい場合でも、上部構造の動的な応答は少なくなる。

- **高流動コンクリート**：フレッシュ時の材料分離抵抗性を損なうことなく流動性を高めたコンクリートで、スランプフロー値で 60 〜 65cm を目標とする。高流動コンクリートを用いて、下部基礎とアイソレータ下部ベースプレートを一体打ちする工法が実施されている。コンクリートの充填法にはコンクリート重量により充填する重力式とコンクリートポンプによりコンクリートを加圧して充填する加圧式が用いられる。（→ 5.5）

- **転がり系アイソレータ**：直交して配置した 2 段の直線レール上に循環式ベアリングを転がす直動転がりアイソレータがある。ベアリングおよびレール材には熱処理された硬度の高い鋼材が使用され、高い荷重支持能力を持つ。また、免震建築物側に発生した引抜き力を下部基礎に伝達することのできる唯一のアイソレータである。（→ 3.1）

- **地盤種別**：地盤には固有の卓越する振動周期がある。表層の地盤構成に起因する振動性状の違いをもとに地盤を分類したものを地盤種別という。現行の建築基準法では周期が 0.2 秒以下を第 1 種、0.2 秒超〜 0.75 秒以下を第 2 種、0.75 秒を超えるものを第 3 種として 3 種類に分類している。

- **竣工時検査**：建物竣工時に実施する免震部の品質に関する検査。免震建築物は、完成後も免震機能維持のため、継続的に免震部材やその関連部位、クリアランスの測定等の定期点検、保守（維持管理）が義務付けられる。竣工時検査（値）は、今後の定期点検で比較される初期値となる重要な検査記録であり、施工者に報告書の作成と提出が義務付けられる。（→ 5.8）

- **仮設拘束材**：アイソレータで支持された免震建築物は、その性質上、水平方向に変形しやすい。施工中に生じる免震層の変形や揺れが、上部構造の施工に支障のある場合は、アイソレータの変形を拘束する仮設材（仮設拘束材）を取り付ける必要がある。その要否、設置方法については、監理者との協議が必要である。（→ 4.5）

- **すべり系アイソレータ**：摩擦を一定の範囲に制御可能な、支承部に固定されたすべり材をすべり板の上に設置したもので、すべり材とすべり板の間ですべりを生じる。平面上をすべらせるものや曲面上をすべらせるものがある。（→ 3.1）

- **すべり材**：すべり系アイソレータに使用される摩擦材料で、摩擦係数のばらつきの範囲が明確な材料。一般に四フッ化エチレン樹脂等が使用される。

- **すべり板**：すべり材の相手すべり面を構成する板。すべり材との摩擦面はステンレス材や硬質クロームめっき、鋼板に特殊潤滑表面処理を施したもの等がある。積層ゴムアイソレータと同様にベースプレートをすべり板と別に設置することが一般的である。

- **性能検査**：免震部材の保有する基本性能確認のために実施する検査。アイソレータは、その免震機能について、全数検査を実施する。主な検査項目は設計に使用したアイソレータの基本性能値である。検査項目としては、水平剛性、鉛直剛性、等価減衰定数（減衰性能を持つアイソレータ）、摩擦係数（すべり・転がり系アイソレータ）等がある。（→ 8.1）

- **積層ゴム系アイソレータ**：鋼板とゴムを交互に重ね合わせた部材。鉛直方向に剛性が高く、大きな荷重を支持できる。水平方向には、ゴムのせん断変形により柔らかく大きな変形能力を持つ部材である。水平方向の特性により、弾性的な特性の天然ゴム系積層ゴムと、弾性、減衰性能を合わせ持ったゴム材料を使用した高減衰系積層ゴム、天然ゴム系積層ゴムの中心部に鉛や錫プラグを入れて減衰機能を持たせたプラグ入り積層ゴム、天然ゴム系積層ゴムのフランジ部に鋼材ダンパーを取り付けた履歴系ダンパー付き積層ゴムがある。（→ 3.1）

- **積層ゴムの水平変形性能**：積層ゴムを水平方向に変形させた場合の特性をいう。水平変形性能には水平剛性、減衰、限界変形特性、線形限界、ハードニング、座屈などがあり、またこれらの特性が依存する性質として面圧依存性、ひずみ依存性、速度依存性、温度依存性、繰返し依存性等がある。一般に変形量は、積層ゴムのゴム総厚さに対する水平変形量の比で表す。例えば総ゴム厚さの2倍の水平変形を生じた場合、200％ひずみの状態という。各製品によって性能が保証される最大変形量が異なるので、発注時は、設計仕様をよく確認することが必要である。

- **設計条件と検査条件**：上部構造の設計軸力をアイソレータの水平有効断面積で除したものを設計面圧と呼ぶ。アイソレータは個々に面圧が異なるが、積層ゴムアイソレータの特性は面圧に、すべり系アイソレータの特性は面圧・速度等に依存することが知られている。製品検査時は、すべての条件について試験することは困難なので、一般的には一定条件で性能検査を実施する。
検査条件は、監理者の指示を受け、製作・検査要領書に明記されなければならない。

- **速度**：物体がある方向に運動するとき、その変位に対する時間的変化の割合を速度という。地震動の最大振幅と構造物の損傷あるいは免震部材の応答変形量の関係を見た場合、一般的に最大加速度振幅よりも最大速度振幅のほうが構造物の損傷との相関性が強いことから、高層建築物や免震建築物の設計においては地震動の強さのレベルを安定的に表現できる指標として速度を用いることが多い。

- **ダンパー**：アイソレータだけでは、揺れの衝撃を小さくすることはできても、振動を止めることはできない。この振動を減衰させる機能を持つのがダンパーである。金属の弾塑性変形を利用した鋼材ダンパー、鉛ダンパー、流体抵抗を利用したオイルダンパーや、摩擦抵抗、粘性抵抗を利用したダンパーがある。高減衰系積層ゴムやプラグ入り積層ゴムのようにアイソレータ自体にダンパー機能を持つものもある。（→ 3.2）

- **塔状比**：一般には、対象とする建物の軒高を建物の幅（水平短辺長さ）で除したものを塔状比（アスペクト比）という。免震構造においてはその性質上、免震部材から最上階の構造体までの高さを、平面上最外部に配置された免震部材間の短辺距離で除して求められる。塔状比が大きくなると免震部材に働く変動軸力が大きくなり、免震部材に引張り力が発生しやすくなる。

- **ハードニング**：一般にゴム材料の応力－ひずみ特性において 200 ～ 300％の大きなひずみ領域からひずみの増加に伴い急激に応力が増加する特性を示す。この急激に応力が増加する現象をハードニング現象と称し、積層ゴムにおいても、あるせん断ひずみ領域から急激にハードニングが起こり、やがて破断に至る。ハードニングの程度は材料ゴムの特性および 2 次形状係数に影響され、ゴム材料が硬いほど、また 2 次形状係数が大きいほどハードニングを起こしやすい。

- **被覆ゴム**：積層ゴムの内部ゴムや内部鋼板などを長期にわたって酸素・オゾン・紫外線・水などから保護するために、積層ゴム側面に形成したゴム層をいう。被覆ゴムは耐候性に優れた合成ゴムが用いられる場合が多く、その厚みは 10mm 程度が一般的になっている。

- **ベースプレート**：アイソレータを上部・下部構造に、ボルトで締付け固定する台プレート。（→ 3.3）

- **別置き試験体**：建物本体に使用されたアイソレータの耐久性、性能維持を、維持管理の定期点検で確認するために、本体に使用されたものとは別に免震層内等に設置される試験体。施工者は、免震層内の試験体の設置場所、搬入出口および経路の確保について、監理者と十分打ち合わせること。最近では、個別物件ごとには免震層に設置せず、メーカー工場内に設置された別置き試験体による標準データで管理を実施されているのが一般的である。

- **変位計測器**：地震時における免震建築物の水平変位履歴を記録するための計測器で免震層に設置される。変位計測器には下振り、ケガキ針式変位記録計（オービット）、加速度記録計等がある。ケガキ針式変位記録計は記録板の材質によってステンレス板、アクリル板、感圧紙などのタイプがある。加速度記録計は計測された加速度を演算（二重積分）して変位を求める。

- **偏心**：剛心と重心との間に生じている隔たりをいう。偏心があることにより、本来の応力のほかにねじれモーメントによる 2 次応力が作用する。免震構造の設計では、免震層の偏心（支点軸力とアイソレータの水平剛性のアンバランスにより生じる）が大きいと地震時に外周側のアイソレータに対し付加的変形量が生じる。

- **面圧**：積層ゴムなどのアイソレータに作用する軸力（鉛直荷重）を受圧面積で除した鉛直方向の平均応力度のことで、設計面圧ともいう。積層ゴムアイソレータの面圧は一般的に長期荷重による応力度を基準面圧相当に設定されることが多い。性能検査時の試験面圧は、一般的に長期面圧相当で実施されることが多い。

- **免震エキスパンションジョイント（免震 Exp.J）**：免震建築物において、免震クリアランス部分に設置する部材。免震建築物と地盤面や近接する建物との連結部、中間階免震の免震層から吊り下げられたエレベータや階段室などの縦動線下部の非免震部分との連結部分に設け、地震時の相対変位に追従または吸収させる役割を果す。免震 Exp.J は設計クリアランスまで要求性能を損なうことがないようにする必要がある。一般的には平面的な全方位の変位に対して考慮するが、場合によっては上下変位や回転などの立体的な全方位の変位に対する配慮も必要となる。（→ 3.5）

・**免震クリアランス**：免震層に生じる地震時の水平変位と鉛直変位に追従または吸収するために水平方向と鉛直方向に設けた隙間のことをいう。中間階免震では免震層から吊り下げられたエレベータや階段室などの縦動線と非免震部との間にも免震クリアランスが必要となる。施工に際し、免震クリアランスとして次に示す3つの値を明確にしておく必要がある。（→免震建物の維持管理基準）

(1) **最小クリアランス（最小クリアランス寸法）**：竣工後の免震建築物において最小限確保すべきクリアランス値であり、この値を下回る場合は大地震時に非免震部との接触・衝突などが生じ、設計上の免震性能を発揮できない場合がある。免震部の残留変位により最小クリアランスを下回る箇所が生じた場合は、上部構造を原位置に戻す等の対応が必要となる。

(2) **設計クリアランス（設計クリアランス寸法）**：設計上最低限必要な免震クリアランスの寸法であり、水平クリアランスに関しては設計者が応答最大変位に対して余裕度、上部構造の温度伸縮および乾燥収縮、残留変位を考慮して定めた寸法。鉛直クリアランスに関しては設計者が想定クリープ量、地震時の沈み込みなどを考慮して定めた寸法。

免震 Exp.J 部の設計クリアランス寸法は免震層での設計クリアランス寸法に当該位置の上部建物の変形分も加算される。また、隣棟間の免震 Exp.J では隣接建物の水平変位も加算されるので注意が必要となる。

(3) **施工クリアランス（施工クリアランス寸法）**：施工する際に設定するクリアランス寸法。一般的には、想定される最大の施工誤差が生じても設計クリアランスを確保するように、設計クリアランス寸法に施工誤差などを加算して定められる。すべり・転がり系アイソレータおよびダンパーの設計可動量は施工クリアランス寸法とすることが好ましい。

竣工時検査では、実測されたクリアランス寸法が設計クリアランス寸法以上であることを確認しなければならない。また、免震 Exp.J の設置計画にあたっては、設計クリアランスに取付け金物の必要寸法を加えた寸法を確保できるよう、適切に施工クリアランス寸法を定める必要がある。

・**免震周期**：ダンパーの剛性を無視し積層ゴムの剛性のみを考慮し、上部構造が剛体と仮定したときの建物の1次固有周期（Tf）をいう。免震周期は、積層ゴムの水平等価剛性の合計 Kf と建物地震時荷重（建物重量）W を用いて次式で求められる。

$$Tf = 2\pi\sqrt{(W/(Kf \times g)}$$

・**免震建築物表示看板**：免震建築物には「出入口その他の見やすい場所に、免震建築物であることその他必要な事項を表示すること。」が、法令（国土交通省告示）で定められている。看板は主として第三者に対し、地震時には建物が地面に対して動くことへの注意を喚起することを目的としており、記載内容は監理者等と協議して定める。

・**免震層**：免震建築物において、免震部材を設置している層を免震層という。この部分は、免震部材のほか、設備配管、電気配線、これらのメンテナンス用の通路、照明等が設置される。建築基準法上、階とはならず設備ピットとして扱われ、建築面積には算入されない。免震部材から上部を上部構造、免震部材から下部を下部構造と呼ぶ。

・**免震耐火被覆**：免震層を駐車場など有効に使用したい場合や中間階に免震層を置く中間階免震の場合、火災時にアイソレータが損傷を受けることのないよう耐火被覆を設けねばならない。免震耐火被覆はアイソレータの地震時の水平変形を妨げることのない機構とし、耐火ボードタイプやブランケットタイプがある。その他、地震時に相対的な変形を生じる隙間や目地にも耐火材の充填が必要な場合がある。（→ 6.3）

・**免震耐火目地**：柱頭免震、中間階免震建築物の免震層における防火区画の免震スリットに設けられる耐火目地材。地震時の上下壁間の相対変位に追従でき、脱落しないことが求められる。耐火性能（1時間耐火）、変位追従性能が製作者により確認されている目地材を採用すること。（→ 6.3）

・**免震部材**：免震構造において、アイソレータ・ダンパー・ベースプレート・配管継手・免震耐火被覆および免震エキスパンションジョイント等の免震機構に関与するものを免震部材という。

・**免震部建築施工管理技術者制度**：日本免震構造協会では、免震部の施工計画〜施工品質管理における専門技術・知識に関する講習会の受講、考査の合格者を「免震部建築施工管理技術者」として認定・登録している。免震建築物の工事管理にあたっては、本資格を有する工事責任者を配属するか、その指導を受けることができる体制とすることが好ましい。

・**免震建物点検技術者制度**：日本免震構造協会では、免震建築物の点検における専門技術・知識に関する講習会の受講、考査の合格者を「免震建物点検技術者」として認定・登録している。免震建築物の竣工後の点検は、本資格を有する点検技術者が実施することが好ましい。

・**1次形状係数**：積層ゴムのゴム1層について受圧面積と自由面積の比で定義される。積層ゴムが円形断面の場合、1次形状係数 S_1 はゴムの直径 D とゴム1層の厚さ t を用いて次式で表されるため、ゴム1層の扁平度を示す尺度となる。

$$S_1 = 受圧面積 / 自由面積 = \frac{\pi D^2 / 4}{\pi D t} = \frac{D}{4t}$$

1次形状係数は積層ゴムの圧縮剛性や曲げ剛性に大きく影響を及ぼし、1次形状係数が大きくなるに従い、これらの値も増大する。

・2次形状係数：積層ゴムのゴム直径 D に対するゴム総厚さ T の比を2次形状係数 S_2 といい、次式で表され、積層ゴム形状の扁平性を示す尺度となる。

$S_2 = D/T$

2次形状係数は積層ゴムの水平剛性の鉛直荷重依存性や変形性能と大きく関係し、2次形状係数が大きくなると水平剛性の鉛直荷重依存性が小さく、大変形時にも相対的に安定した復元性能が得られるようになる。

2. 施工計画の立案

　本章では、免震工事施工計画の立案時に検討が必要な事項および施工計画書作成時の注意事項の概要を示す。免震工事の詳細については次章以降に詳述する。

2.1 品質管理計画

> 　施工者は、免震建築物免震部の設計要求品質を十分理解した上で、品質管理項目および管理目標値を明確に定めて「免震部施工計画書」を作成し、監理者の承諾を得る。
> 　免震部工事はこの施工計画書に基づいて実施する。

　免震建築物では一般建築物には使用されない免震部材の製作管理や設置等の工事がある。免震工事施工計画書には、施工要領だけではなく、表 2.1.1 に示す各種検査の実施、記録、報告書の作成、承諾作業を反映させ、免震構造特有の仮設計画や施工計画上の留意点についても記載する必要がある。

2.1.1 品質管理体制

> 　免震部の施工は仮設・鉄筋・型枠・コンクリート等多数の工種に分かれるため、工種ごとの各担当管理職員では対応が不十分になりがちである。
> 　免震工事の施工にあたっては、免震構造に関する免震工事責任者を配置し、施工品質の確保に努める。免震工事責任者には、免震部施工に専門知識を有する「日本免震構造協会免震部建築施工管理技術者」であることが好ましい。

　免震建築物の施工管理において免震工事責任者は、免震構造について十分理解した上で、免震層、免震部材等の関連する部位の施工計画書を作成し、施工品質の確保に努める。

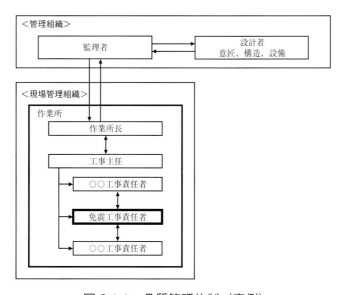

図 2.1.1　品質管理体制（事例）

2.1.2 品質管理のフロー

標準的な品質管理フローを以下に示す。

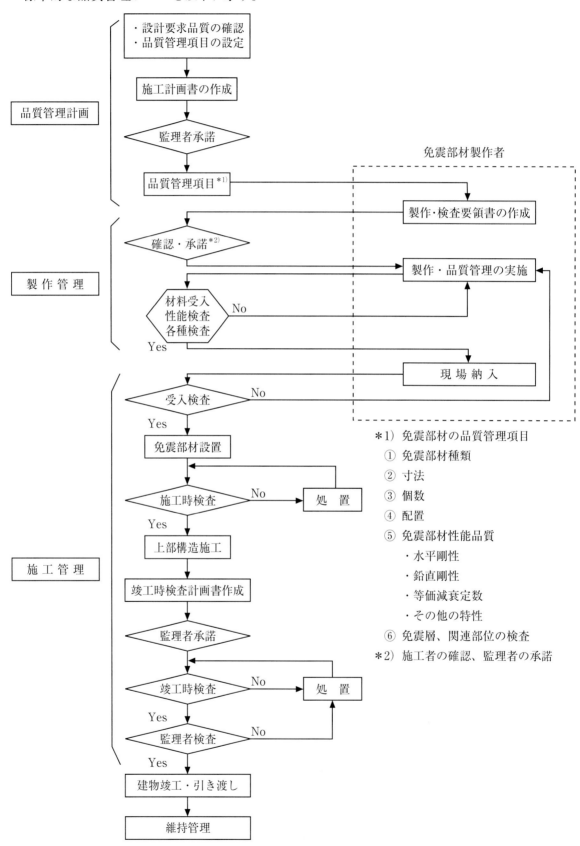

図2.1.2 免震建築物の品質管理フロー

10

2.1.3　施工管理書類

> 　免震工事は建物の主要構造に関わる工事であり、施工者は施工計画書に記載した施工管理記録を作成し、監理者に提出し、承諾を得なければならない。

　施工管理記録については、下表および「2.3 施工計画のチェックシート（例)」を参照する。

表 2.1.1　施工管理書類一覧（例）

管理書類名称	監理者	施工者	製作者
○免震工事施工計画書	承諾	◎	－
○免震部材製作・検査要領書 ・アイソレータ ・ダンパー　　部材種別ごと ・ベースプレート	承諾	確認	◎
○免震部材製作・検査報告書 ・アイソレータ ・ダンパー　　部材種別ごと ・ベースプレート	承諾	確認	◎
○設備配管継手（免震継手） ・主要寸法検査報告書 ・性能検査成績書	承諾	確認	◎
○免震エキスパンションジョイント ・主要寸法検査報告書 ・性能検査成績書	承諾	確認	◎
○免震部施工時検査報告書	承諾	◎	－
○免震部竣工時検査計画書	承諾	◎	－
○免震部竣工時検査報告書	承諾	◎	－

◎は書類作成、資料提出義務を示す。

2.1.4 免震工事施工計画書の構成（例）

免震工事施工計画書に盛り込まれる内容を以下に示す。

施工計画書作成時には「2.2.9 施工計画上の留意事項」および以下に記す項目を確認する。

---

1. 総　　則：適用範囲、準拠図書、基規準等
2. 一般事項：工事概要、工事工程（免震部）
   使用免震部材（アイソレータ・ダンパー・免震エキスパンションジョイント・耐火被覆　等）
3. 品質管理：品質管理体制（組織）、要求品質・特記仕様（設計図書より）
   試験・検査要領概要
   免震部材（→ 2.2.1 参照）、免震クリアランス（→ 2.2.2 参照）、
   設備配管・配線（→ 2.2.3 参照）、免震エキスパンションジョイント
   （→ 2.2.4 参照）、耐火被覆（→ 2.2.6 参照）
4. 製作管理：品質管理書類と担当、書類検査、性能検査、検査項目、管理値　等
   免震部材搬入（輸送）計画
   免震部材（→ 2.2.1 参照）、設備配管可撓継手（→ 2.2.3 参照）、免震エキスパンションジョイント（→ 2.2.4 参照）、耐火被覆（→ 2.2.6 参照）
5. 受入検査：現場搬入時の検査項目、不具合の処置、免震部材の保管・養生
6. 仮設計画：外部足場計画、乗入れ計画、揚重機計画、仮設拘束計画　等
   （→ 2.2.5 参照）
7. 施工管理：免震部の施工フロー、ベースプレート下部充填工法、充填材料（グラウト、高流動コンクリート）、免震部材の取付け手順、接続ボルトのトルク管理、仮設拘束材、免震エキスパンションジョイント、設備配管の施工等　（→ 2.2.5、2.2.7 参照）
8. 免震部、免震部材に関する検査計画：
   施工時検査および竣工時検査の実施時期、検査項目、判定値、
   不具合の処置方法、担当者等（→ 2.2.8 参照）
9. 安全管理：特に免震部材の施工（搬入、荷下ろし、設置）に関する安全事項および地震時の作業員の安全確保について盛り込む。

付・施工品質管理表（チェックリスト）
　　　管理時期、管理項目または確認書類（書類検査）、管理値、不具合の処置、担当者等
・検査記録シート書式（適宜）

・ベースプレート下部充填性確認試験については別途、「試験計画書」を作成する。

・免震エキスパンションジョイントの製作、施工計画は『免震エキスパンションジョイントガイドライン』（（一社）日本免震構造協会編）によること。

2.2 施工計画書に記載すべき項目

> 免震建築物は、免震部材を用いて上部構造を支持する建築物であり、この特徴を理解した上で施工計画を立案する。施工計画書には、免震部材の製作とその取付け方法、地震時の影響を考慮した仮設計画や施工方法を示す。また、設備や免震エキスパンションジョイントに関しても必要に応じて記載する。

2.2.1 免震部材の製作

施工者は、設計図書等に示される要求性能を満足する免震部材および免震部材製作者を選定し、その製作者から提示された「免震部材製作検査要領書」を確認し、監理者の承諾を得た上で製作管理を実施する。施工計画書には、製作～検査で実施すべき内容を記載する。

> 1 免震部材の種類と数量

免震部材の種類と製品呼称および数量を品質管理体制に示される製作者ごとに記載する。取付け用ベースプレートも同様に記載する。

> 2 品質管理項目（各種検査）の設定

特記仕様書から各種検査の項目、頻度、判定基準を決定するが、記載のない場合は、監理者と協議の上、施工計画書に記載する。品質管理項目には、材料検査、外観検査、寸法検査、性能検査等がある。

> 3 免震部材製作検査要領書への指示

設定した品質管理項目が免震部材製作者が作成する製作検査要領書に反映されるよう、免震部材の製作者へ指示する。

2.2.2 免震クリアランス

施工者は、設計図書に示されている設計クリアランスを竣工時点で確保するため、施工誤差、コンクリートの乾燥収縮、免震建築物の温度伸縮等を考慮した施工クリアランスを監理者と協議の上定め、その値を施工計画書に記載する。設計クリアランスは設計者により考慮する要因が異なることがあるので注意を要する。詳細は『免震建物の維持管理基準』((一社)日本免震構造協会編)を参照のこと。

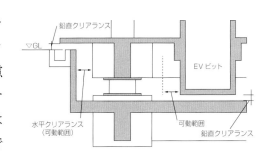

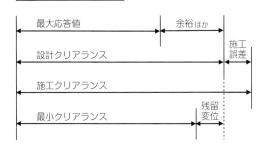

13

> **1　水平方向の設計クリアランスの確認**

　水平方向の設計クリアランスには、免震建築物の設計上の最大応答変位と余裕が含まれている。設計者により、構造体の温度伸縮・乾燥収縮等を含んだものとして示している場合があるので、施工計画書に記載する水平施工クリアランス値を定める際は、設計クリアランスに含む項目を監理者に確認する。

> **2　鉛直方向の設計クリアランスの確認**

　鉛直方向の設計クリアランスには免震建築物の設計上の最大変位・余裕度変位・弾性変位・クリープ変位・積層ゴムの温度伸縮が含まれる。施工計画書に記載する鉛直施工クリアランス値を定める際は、設計クリアランスに含む項目を監理者に確認する。

> **3　施工クリアランスの設定**

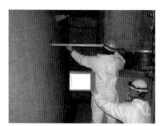

　施工者は竣工時の設計クリアランスを確保するため、水平方向のクリアランスには、施工誤差・温度伸縮量・乾燥収縮量等を加味した施工クリアランスを、鉛直方向のクリアランスには、施工誤差・上部構造荷重による免震部材の弾性変形・クリープ変形等を加味した施工クリアランスを定め、施工計画書に記載する。

> **4　免震クリアランスの計測**

　施工計画書には、免震ピットまわり等の免震クリアランスの計測を、計測位置をマーキングした上で、免震層躯体工事完了時および竣工時のそれぞれで実施することを記載する。

> **5　設備配管等のクリアランス**

　設備配管・電気配線には、可撓継手や余長が設けられており、地震時に免震層に水平・鉛直変位が生じた場合、立体的な挙動を示す場合がある。構造躯体や設備配管相互の接触・衝突が生じないよう、水平・鉛直方向のクリアランスを確保しなければならない。

2.2.3　免震層の設備配管・配線計画

　施工者は、設備配管に関する製作および施工管理方法と、配線に関する施工管理方法を施工計画書に記載する。

> **1　免震継手の選定**

　所定の設計可動量に基づき、配管口径や用途に応じた継手を選定する。設計図書に記載のない場合は、監理者・製作者等と協議して施工計画書に継手の仕様を記載する。

> **2　作動スペースの確保**

　継手が変形し作動する位置と範囲を明確にし、作動を妨げることのないようレイアウトを行う。免震層の総合図を作成し施工計画書に反映させることが好ましい。

> **3　固定支持部の仕様**

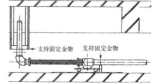

　継手の変形追従を確保するため、固定支持部に必要な強度が得られる設置方法を決定する。不明な場合は監理者・製作者等と協議して固定支持部の仕様を施工計画書に記載する。

> **4　電気配線計画**

　一般電気配線は、可動量に十分追従できる余長をもたせる。高圧配管配線がある場合は、監理者および電力会社と協議の上、仕様を施工計画書に反映させる。

2.2.4　免震エキスパンションジョイント

　施工者は、免震エキスパンションジョイントに要求される性能を十分理解し、製作管理と施工を実施する。設計図書に性能や詳細図、入出隅等の特異な箇所が示されていない場合は、それらの明示を監理者に必ず要求する。

> **1　要求性能の確認**

　施工者は、設計可動量、設計荷重、許容想定残留変位量、地震規模に応じた保全状態等の要求性能を設計図書から理解し、施工計画書に記載する。

> **2　製作図の作成**

　確定された要求性能と設計図書に示される詳細図をもとに製作図を作成するが、この段階で施工者や製作者の持つ過去の地震で得た不具合事例からの知見を反映させる。

> **3　取付け部の仕様**

　地震時の性能に影響がないよう、構造躯体取付け部の強度や形状について、製作にあたり事前に監理者、製作者と仕様の確認を行い、施工計画書に記載する。

> **4　可動試験等の方法**

　試験成績書のない免震エキスパンションジョイントが採用されている場合は、可動試験等により変形追従性能の確認を実施する。確認方法は監理者と協議して決定するが、可動試験の方法と必要な準備期間を含めたスケジュールを施工計画書に記載する。

2.2.5　免震構造の仮設計画

　免震建築物は、施工中も免震構造として機能させるのが一般的で、施工中の地震や風に対して、免震層の水平変形があることを前提に仮設計画を行う。

> **1　外部足場計画**

　外部足場は、免震層の変形に対して倒壊しないよう、水平変形に追従できる計画とするか上部躯体側で支持するのが一般的である。外部足場計画は、地震時の安全の考え方を明確にして施工計画書に記載する。

> **2　工事車両の乗入れ計画**

　建物外周の道路・地面から、免震層上部スラブへの工事車両の乗入れを行う場合の作業通路部は、免震構造の水平移動を拘束することなく、車両荷重を支持できる機構としなければならない。必要な場合、これを施工計画書に記載する。

> **3　揚重機計画**

　タワークレーンは、免震層の上部構造に設置する場合と、下部構造に設置する場合があり、施工時の免震建築物の固有周期や変形量を考慮した上で、ステイの支持位置を含めた計画をする。工事用エレベータやリフトの基礎部は、上部構造に支持するものとし、水平方向に拘束されないよう計画し、施工計画書に記載する。

> **4　仮設拘束**

　免震層の仮設拘束を行う場合、施工時の地震力により上部躯体に影響を及ぼす可能性があるので、監理者と協議し仕様を確定する必要がある。免震部材の上面ベースプレート上にて鉄骨建方を行う場合は、建方時の荷重で免震部材に変形（水平・傾き・ねじれ）が生じないよう拘束材を計画し施工計画書に記載する。

2.2.6　耐火被覆

　耐火被覆が必要なアイソレータがある場合は、竣工時検査の検査方法、時期と合わせて施工計画書に記載する。

> **1　納まり**

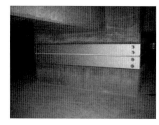

　耐火被覆材が地震時に水平移動した際、構造躯体や設備部材等と干渉しないことを施工図等で確認し、仕様変更の必要があれば施工計画書へ反映させ、監理者の承諾を得る。

> **2　取付け時期**

　免震層の上部構造が施工されるに従い、積層ゴムアイソレータの沈み込みが考えられるため、取付け時期はなるべく竣工直前に計画する。耐火被覆材の取付けは、竣工時検査のタイミングを考慮して時期を調整し、その工程を施工計画書へ記載する。

> **3　搬入計画**

　免震層への材料の搬入口や、設備配管・配線位置を確認し、無理なく耐火被覆の施工場所まで材料が搬入できるルートを計画し、施工計画書へ記載する。

> **4　施工**

　使用する材料により耐火認定に準拠した施工方法が指定されるので、認定図書の内容等と照らし合わせ、施工計画書に施工方法を記載する。

2.2.7　免震部材基礎の施工

　免震部材を設計仕様どおりに精度よく、確実に据え付けるための免震基礎の施工方法を施工計画書に示す。

> **1　基礎部配筋の納まり**

　免震部材のベースプレートには、取付けボルト用高ナット・スタッドジベル・アンカーボルト等が接合されており、基礎部配筋と干渉しやすい。また、杭頭配筋が干渉する場合もあるので、施工図で納まりを検討する。

> **2　ベースプレート下部充填工法**

　免震部材の下部ベースプレートは、その下部へ確実にコンクリートまたはグラウトが充填されていなくてはならない。基礎、ベースプレートの形状・大きさ、鉄筋の過密度に応じて充填材料および打設工法を選択し、施工計画書に記載する。

> **3　充填性確認試験**

　ベースプレート下部の充填施工要領は、各施工現場で実施工と同一条件で実施する事前の施工試験で決定する。充填性の判定基準は、いたずらに厳しくすることなく、均一で確実な充填を得る目標値を設定し、施工計画書に記載する。

> **4　ベースプレートの据え付け**

　ベースプレートの据え付けは免震部材の位置精度・傾き・ねじれが管理値以下に納まる精度で管理し、基礎コンクリート打設中に動くことのない堅固な仮固定方法を計画する。

2.2.8　施工時検査、竣工時検査

　免震部材の設置工事に関して、その据え付け精度や免震層の躯体施工の管理に細心の注意を払わなければならない。施工計画書には施工時検査および竣工時検査の検査者・検査項目・管理基準値を定め、監理者の承諾を得ておく。

> **1　免震部材据え付け時の精度管理**

　下部ベースプレートの水平位置・傾き・ねじれに関して精度管理を実施する。基礎コンクリート打設後では是正が利かないので、基礎コンクリート打設前の精度検査とベースプレートの固定方法が重要である。施工時検査で実施する測定位置・管理値・時期・固定方法を施工計画書に記載する。

> **2　免震クリアランス**

　免震クリアランスは、竣工時検査で設計クリアランス以上を必ず確保できるよう、施工クリアランスを設定して、施工段階の免震クリアランスを管理する計画を立案する。

> **3　免震層の竣工時検査**

　竣工時検査は通常、施工者の責任において実施する検査であるが、竣工後の維持管理に必要な初期データとなることから、有資格の第三者によって実施されることが好ましい。

　誰が実施するのかを含めて施工計画書に記載し、監理者の承諾を得る。

> **4　竣工時検査結果の保管**

　免震建築物は、完成後定期的な維持管理が義務付けられているため、施工者は、免震層の竣工時検査結果を監理者、建物所有者または建物管理者に提出するとともに、自らも保管することを施工計画書に記載する。

2.2.9　施工計画上の留意事項

　施工者は、免震建築物の施工計画にあたり、以下の該当する項目について十分な検討を行い、その具体的な対策について監理者と事前に協議し、施工計画書に反映する。

1　総合図を使用した各種取り合い部の検討

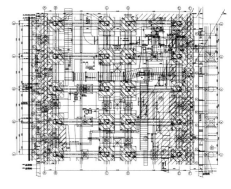

　免震建築物は、地震による変位を考慮して設備配線・配管を計画するのはもちろんのこと、免震部材の保守点検時の照明設備や換気設備等までを検討した総合図を作成することで、将来にわたって免震建築物としての機能を発揮できるようにする必要がある。また、免震部材を取替える場合の資機材の水平・垂直搬出入経路および方法等も事前に検討し施工計画書に反映する。

2　RC、SRC躯体の乾燥収縮等によるひずみ対策

　免震建築物では、コンクリートの乾燥収縮等によって上部建物の躯体が収縮し、端部の免震部材が建物の中心方向に変形することが多い。また、温度変化による躯体の膨張収縮によっても免震部材の水平変形が発生する。対策方法として、収縮帯を設けたり、収縮率の低いコンクリートを使用する方法が実施されているが、これらを施工計画書に記載し、監理者の承諾を得ておく必要がある。

3　上部躯体のコンクリート打設計画

　平面的に大きな形状の建物や高層建物などで工区割等により躯体が分割施工される場合、免震部材の弾性変形が先行する部位とそうでない部位とで、段差・不具合が発生することのないよう、十分に検討し施工計画書へ反映する。

4　免震層の雨水対策

　施工中の降雨・結露を考慮して、アイソレータの養生、鉄部の錆止めを計画しなければならない。さらに、施工期間中は雨水が免震層に流入することがあるが、これによる免震部材の水没は避けなければならない。雨水の流入を防止する雨仕舞いや、免震層への排水ポンプの設置、休日の監視体制等について検討を行い、施工計画書に記載する。

5　免震層の換気

　免震層は換気が十分ではない場合が多く、空気の流れが停滞すると結露が発生しやすくなり、免震部材の耐用年数、性能等に悪影響を及ぼすことも考えられるため、必要に応じ施工中も含めた換気対策について検討し、施工計画書に反映する。

6　免震層の火気養生

　免震部材近傍で火気を使用する際は、熱や火花に対して確実に養生をしなくてはならない。免震層内の火気使用だけでなく、上階からの火の粉で部材が損傷したり、火災に発展したりする可能性があるので、注意事項として施工計画書に記載する。

7 プレストレス緊張の影響

免震層上部にプレストレスト構造の梁があり、外周に擁壁がある場合、梁端部緊張工事のための作業空間の確保に注意する。また、支保工が長期にわたり設置される場合は、免震層の設備配管工事と干渉することもあるため、調整の上、プレストレスの導入方法、時期、順序および支保工の取外しについて施工計画書に記載する。また、プレストレス導入による免震部材の変形については監理者の承諾を得ておく。

8 オイルダンパーの設置

オイルダンパー等の粘性系ダンパーの場合、直上部の躯体施工の後に取付けを行うことがある。この場合、ダンパー部材を後から免震層へ搬入することが困難なため、アイソレータと同時期に搬入して免震層に仮置きすることが多い。その際、仮置き期間中の養生や取付け作業の揚重計画も施工計画書に記載する。

9 上部躯体の水平性の確保

小径のすべり・転がり系アイソレータは、支圧面が小さいため、上部躯体施工時に不均等な載荷があると傾斜が生じやすい。直動転がりアイソレータの場合、上レールが傾斜していると正常に機能せず破損の恐れもあるので、コンクリート打設時は仮受サポートを設けるなどの水平を保つ方策を検討し、施工計画書に記載する。

10 その他

免震建築物には「出入口その他の見えやすい場所に、免震建築物であることその他必要な事項を表示すること。」が、法令で定められている。内容および位置は監理者と協議して決定するが、注意看板を設置する旨を施工計画書に記載する。

また、特記仕様書等に変位計測器の設置が示されている場合がある。ケガキ針式変位記録計（オービット）の記録板にはいくつかの種類があるので監理者に確認の上、施工計画書に記載する。

2.3 施工計画のチェックシート（例）

> 次頁以降に施工計画作成時の一助として、施工計画立案時のチェックシート（例）を記載する。施工者は、チェックシート（例）記載のうち、該当する範囲を参考とし、施工計画書を作成する。
>
> また、チェックシート（例）の記載項目、管理値等はあくまでも目安であり、施工者は実施案件に合わせ、チェック項目、管理値等を設定するものとする。

Sheet-01

※ の列は施工者による適宜記載のこと

作業区分	工程（計画作業内容）	重要度	管理項目	管理内容	発注者	監理者	施工者	協力業者	時期	方法	頻度	不具合の処理	管理記録	備考
計画段階	免震工事施工計画書の作成		設計図書の内容把握	必要な内容が把握されている ・設計クリアランス値 ・免震部材の適用業者、認定番号 ・免震部材の仕様 ・免震部材の要求性能値 ・免震部材の管理項目 ・免震部材の管理値 ・免震部材の性能管理値 ・免震部材の仮固定方法 ※免震部材には免震エキスパンションジョイント・免震継手を含む ・免震工事の施工フロー ・ベースプレート下部の充填工法 ・施工時管理項目 ・施工精度管理値 ・締付トルク管理値 ・免震部竣工時検査の項目 ・免震部竣工時検査の管理値 ・仮設計画 ・安全・環境管理 等					計画開始時	設計図書の照合 JSSI免震構造施工標準の照合	ー	修正 ※設計図書に記載のない事項については監理者を通じ、設計者に質疑	施工計画書	施工者による適宜記載のこと
	免震部総合図の作成		免震性能の確保	設計図書記載の要求品質が確保されている ・施工クリアランスの確保 ・設備配管・配線の設備クリアランスの確保 ・免震部材の搬出入・交換スペースの確保 ・ジャッキアップポイントの明示 ・原点復帰用設備の要否 等					総合図作成時	総合図の照査	総合図作成こと	修正 ※設計図書に記載のない事項については監理者を通じ、設計者に質疑	総合図	
	施工図の作成		免震性能の確保	設計図書記載の要求品質が確保されている ・施工クリアランスの確保 ・ベースプレートアンカー部と配筋の納まり ・免震部材アンカー部と配筋の納まり ・免震部材と上部鉄骨との納まり ・アイソレータ仮固定治具との取合 ・免震エキスパンションジョイントの納まり ・アイソレータ耐火被覆の納まり 等					施工図作成時	施工図の照査	施工図作成こと	修正	施工図	

Sheet-02

※ の列は施工者による適宜記載のこと

作業区分	計画作業内容	重要度	管理項目	管理内容（管理値）	発注者	監理者	施工者	協力業者	時期	方法	頻度	不具合の処理	管理記録	備考
計画段階	仮設計画		施工中の安全確保	施工中に発生した地震動に対し、仮設構造物の安全性が確保されている ・外部足場の設置方法、安全性の確保 ・タワークレーンの設置方法、安全性の確保 ・工事用エレベーター、リフトの設置方法、安全性の確保 ・免震建築物周囲の仮設設備の安全性の確保 ・鉄骨建方計画 ・アイソレータ仮固定治具の計画 ・免震部材の保管、養生計画 等					仮設計画立案時	仮設構造の構造計算	ー	修正	仮設計画図	
安全計画			安全管理計画書	施工中に発生した地震動に対し、免震建築物内および周辺の作業員の安全が確保されている					免震工事着手前	ー	ー	再検討し、修正する	安全管理計画書 新規入場者教育資料 送出し教育資料	
製作管理	免震部材の製作管理		製作・検査要領書の確認	必要な内容、管理値が記載されている ・適用範囲、適用規格、製作範囲図等 ・部材の製作場所、会社組織 ・使用材料とその規定 ・使用材料のトレサビリティー ・免震部材の製作方法 ・検査項目、検査方法、頻度、管理値 ※製作者検査、施工者立会検査 ・製品への表示内容 ・出荷時の荷姿・養生、仮固定等 ・製作者提出書類 附属品等					製作開始前	設計図書、施工計画書記載内容と照合	要領ごと	再検討し修正する	製作・検査要領書	
			立会検査の実施	製作・検査要領書記載の内容を満足していることを確認 ・使用材料のトレサビリティー ・種別、数量 ・外観、寸法 ・性能値 ・防錆 ・製品表示					製作完了時 製作・検査要領書記載の時期	製作・検査要領書記載内容と照合	製作・検査要領書記載の頻度	・補修 ・再製作	製作者自主検査報告書 立会検査報告書	
			受入検査の実施	設計図書、製作・検査要領書に適合した品質であることを確認 ・養生状態 ・本体の傷、変形 等 ・フランジ、取付け部の傷、変形 等 ・防錆面の傷、錆					製品搬入時	製作・検査要領書、製作者自主検査報告書、検査報告書と照合	搬入車両ごと	・補修 ・再製作	受入検査記録	

※ ▨ の列は施工者による適否記載のこと

作業区分	工程 計画作業内容	重要度	管理項目	管理内容（管理値）	発注者	監理者	施工者	協力業者	時期	方法	頻度	不具合の処理	管理記録	備考
製作管理	ベースプレートの製作管理		製作・検査要領書の確認	必要な内容、管理値が記載されている ・適用範囲、適用規格、製作範囲等 ・部材の製作場所、会社組織 ・使用材料とその規定 ・使用材料のトレサビリティー ・免震部材の製作方法 ・検査項目、検査方法、頻度、管理値 ※製作者検査、施工者立会検査 ・製品への表示内容 ・出荷時の荷姿、養生、仮固定等 ・製作者提出書類 ・附属品等号					製作開始前	設計図書、施工計画書記載内容と照合	受領ごと	再検討し修正する	製作・検査要領書	
			立会検査の実施	製作・検査要領書記載の内容を満足していることを確認 ・使用材料のトレサビリティー ・種別、数量 ・外観、寸法、反り、溶接部 ・防錆					製作完了時 製作・検査要領書記載の時期	製作・検査要領書記載内容と照合	製作・検査要領書記載の頻度	・補修 ・再製作	製作者自主検査報告書 立会検査報告書	
			受入検査の実施	設計図書、製作・検査要領書に適合した品質であることを確認 ・製品表示 ・養生状態 ・傷、変形 等 ・防錆面の傷、錆 ・取付けボルトの規格、種別、数量、外観					製品搬入時	製作・検査要領書、製作者自主検査報告書と照合	搬入車両ごと	・補修 ・再製作	受入検査記録	
	設備配管継手の製作管理		設計図書の確認	要求性能を満足する継手の採用 ・変位吸収性能の確認 ・耐疲労性能の確認 ・形状復元性能の確認 ・免震継手の形式の確認 ・用途、配管種別、設置環境の確認 ・防錆仕様					発注時	設計図書記載内容と照合	発注ごと	継手の再選択		
			製品検査	設計仕様を満足することを確認 ・性能確認試験の試験成績書 ・寸法 ・継手部の外観検査 ・フランジの変形 ・防錆					製作完了時	検査成績書の確認	発注ごと	・再発注 ・再製作	製作者自主検査報告書	
	免震エキスパンションジョイントの製作管理		設計図書の確認	要求性能を満足する免震エキスパンションジョイントの採用 ・部位ごとの免震エキスパンションジョイント性能指標の確認 ・設計可動量の確認 ・設計荷重の確認 ・許容想定残留変位量の確認 ・メンテナンス方法					発注時	設計図書記載内容と照合	発注時	免震エキスパンションジョイントの再選択		

Sheet-04

※ ▨ の列は施工者による適宜記載のこと

作業区分	工程（計画内容/作業内容）	重要度	管理項目	管理内容（管理値）	発注者	監理者	施工者	協力業者	時期	方法	頻度	不具合の処理	管理記録	備考
製作管理	免震エキスパンションジョイントの製作管理		製品検査	設計仕様・要求性能を満足することを確認　・外観　・寸法　・性能確認試験の試験成績書					製作完了時	検査成績書の確認	発注ごと	・再発注　・再製作	製作者自主検査報告書	
ベース下部コンクリート充填性確認／高流動コンクリート充填	充填用高流動コンクリートの仕様		配合の決定	充填に適した配合が採用されている。　・設計図書指定強度以上　・水セメント比 40%以下（35%以下推奨）…参考　・スランプフロー 60cm…参考　・高性能AE減水剤 粘性の確認					配合計画書受領時	設計図書と照合	—	再検討し修正する	配合計画書	
			試験練り	充填に適してワーカビリティが確保されている。　・強度 設計強度以上　・スランプフロー 60cm±5cm…参考　・50cmフロータイム 3〜8s　・ブリージング 微量　・フロー0ス 冬季120分、夏季90分経過時に管理値を満足…参考　・塩化物量 0.3kg/m³以下					充填性確認試験実施前	立会検査	配合ごと	配合計画の再実施	試験練り報告書	
	試験体の製作		試験対象BPLの選定	設計図書どおり・記載されている場合 最大寸法または特殊形状のもの					試験計画立案時	監理者・設計者と協議	—	再検討	充填性確認試験設計計画書	
			試験体製作体数	設計図書どおり・記載されている場合 1体（参考）					試験計画立案時	監理者・設計者と協議	—	再検討		
			試験体BPLの製作	実物と同一形状、同一寸法					試験計画立案時 BPL製作図受領後	製作図照査	—	再検討		高ナット、スタッドは着脱可能なダミーとする
			試験体下部基礎の製作	実物と同一形状、同一寸法 配筋は設計図置どおり					試験計画立案時	製作図照査	—	再検討		
	充填計画の立案		コンクリート打設方法	適切な打設方法が計画されている 施工者の指揮系統が決定されている					試験計画立案時	施工者技術部門と検討・協議	—	再検討	充填性能確認試験計画書	圧送配管長は実施工と同等で計画
			作業員の選定、配置	実施工を実施する作業員の選定、配置されている					確認試験実施前	協力業者に確認	—	再選定	打設計画書	
			充填率管理値	設計図書どおり…記載されている場合 本施工標準記載の充填率（参考）					試験計画立案時	監理者・設計者と協議	—	再検討		充填性能確認試験の結果を踏まえ支給文書作成のこと
			充填率の計測方法	適切な計測法が立案されている					試験計画立案時	施工者技術部門と検討・協議	—	再検討		
	高流動コンクリートの受入管理		高流動コンクリート管理	以下の項目が管理値を満足している　・スランプフロー　・50cmフロータイム　・空気量　・単位水量（推奨）　・塩化物量　・供試体採取							搬入ごと	再製作		
	充填率の判定		充填結果	管理値を満足している					充填試験終了後 充填後2日程度	充填率算出	試験ごと	再検討、再試験	充填性能確認試験報告書	

※ ▨ の列は施工者による適宜記載のこと

工程 計画内容／作業内容	作業区分	重要度	管理項目	管理内容	管理値	発注者	監理者	管理区分 施工者	協力業者	要領 時期	方法	頻度	不具合の処理	管理記録	備考
グラウト充填性確認・ベースプレート下部充填	グラウト材の仕様		グラウト材の決定	充填に適したグラウト材が採用されている。 ・圧縮強度 ・硬化時収縮 ・流動性 ・ブリージング ・施工性	・下部基礎コンクリート強度以上 ・無収縮 ・良好 ・微量 ・プレミクス					試験計画立案時	カタログの照査	－	再検討	充填性能確認試験計画書	
	試験体の製作		試験対象BPLの選定	設計図書どおり…記載されている場合 最大寸法または特殊形状のもの						試験計画立案時	監理者・設計者と協議	－	再検討		
			試験体製作数	設計図書どおり…記載されている場合 1体（参考）						試験計画立案時	監理者・設計者と協議	－	再検討		
			試験体BPLの製作	実物と同一形状、同一寸法	実物と同一形状、同一寸法					試験計画立案時 BPL製作図受領後	製作図照査	－	再検討		高ナット、スタッドは脱着可能なタイプとする
			試験体下部基礎の製作	下部基礎天端の配筋は設計図書どおり						試験計画立案時	製作図照査	－	再検討		
	充填計画の立案		レイタンス処理	下部基礎天端の適切なレイタンス処理方法が計画されている						試験計画立案時	施工者技術部門と検討・協議	－	再検討		
			グラウト材充填方法	適切な充填方法が計画されている 施工者の指揮系統が決定されている						試験計画立案時	施工者技術部門と検討・協議	－	再検討		
			作業員の選定、配置	実施工を実施する作業員の選定、配置されている						確認試験実施前	協力業者に確認	－	再選定		
			充填率管理値	設計図書どおり…記載されている場合 本施工標準記載の充填率（参考）						試験計画立案時	監理者・設計者と協議	－	再検討		
			充填率の計測法	適切な計測法が立案されている						試験計画立案時	施工者技術部門と検討・協議	－	再検討		
			グラウト材の混練管理	以下の項目が管理値を満足している ・水量 ・Jロート流下時間 ・練り上がり温度 ・可使時間 ・圧縮強度	・製作者指定値内 ・製作者保証値内 ・製作者保証温度内 ・製作者指定値内 ・設計強度以上						立会検査	試験施工ごと	再施工		
			硬化時予想最低気温	硬化時予想最低気温が5℃以下の場合 保温養生を行う検討	硬化時予想最低気温が5℃以下の場合 保温養生を行う検討					試験計画立案時	気象統計より推定	試験施工ごと	再検討		
	充填率の判定		充填結果	管理値を満足している	管理値を満足している					充填試験終了後 充填後2日程度	充填率算出	試験施工ごと	再検討、再試験	充填性能確認試験報告書 充填計画書	充填性能確認試験の結果を踏まえ作成のこと

※ □ の列は施工者による適宜記載のこと

作業区分	計画作業内容	重要度	管理項目	管理内容	管理区分 発注者	監理者	施工者	協力業者	時期	方法	頻度	不具合の処理	管理記録	備考
免震部施工	施工準備		取付け用芯墨 ベースプレート芯墨	施工図との照合 精度は施工者施工品質管理による					墨出し実施時	テープ	免震工事開始前	修正	チェックシート	
			基準レベル	基準点間のレベル差を確認 精度は施工者施工品質管理による					基準点設置時	レベル		修正		基準点が複数設置されている場合
免震部下部基礎配筋	基礎立上り配筋		鉄筋種別、径、本数、配筋ピッチ	設計図書どおり 配筋は対図どおり					配筋時	目視 テンプレートと照合	全数	修正	チェックシート 写真	
			下部ベースプレートの取付に支障がない	高ナット、アンカーボルト、スタッド、アンカープレートに干渉しない					配筋時	目視 テンプレートと照合	全数	修正		
			配筋天端高さ	下部ベースプレートと適切なかぶりが確保されている					配筋時	目視 レベル	全数	修正		
アンカーフレームの取付け			取付け位置 天端高さ	施工図どおり 配筋検討図どおり					取付け時	目視 レベル	全数	修正	チェックシート 写真	
型枠			基礎、地中梁配筋との干渉	配筋と接触していない					取付け時	目視	全数	修正		
			固定度	強固に固定されている					取付け時	目視、触診	全数	再固定		
側周枠の組立			側周コンクリート溢出孔の確保	充填コンクリートが溢出するスペースが確保されている					型枠組立時	目視	全数	修正		高流動コンクリート充填の場合
下部ベースプレートの受入			製作者名、種別、製造番号等	搬入予定表と相違ないこと					製品入着時	搬入予定表と照合	全数	再搬入	チェックシート 写真	
			塗装面の傷、錆	目視で確認できる傷がない					製品入着時	目視	1台以上/搬入車両	補修		
			局部的な変形、打痕、反り	設置に支障が生じると考えられる変形がない					製品入着時	目視、触診、計測	1台以上/搬入車両	補修、再加工、再製作		
			養生の状態	製作要領書記載の養生がなされている 養生に剥がれ、傷がない					製品入着時	目視	1台以上/搬入車両	再養生		
下部ベースプレート取付け			水平精度 位置精度	施工計画書記載の管理値内					セット時	レベル、スケール	全数	再セット	チェックシート 写真	
			固定度	強固に固定されている					セット時	目視、触診	全数	再固定		
コンクリートの性状			スランプフロー 50cmフロータイム 空気量 塩化物量 単位水量（推奨）	配合計画書記載の管理値内 JASS5 充填性能確認試験計画書記載の管理値内					充填コンクリート打設開始時	JASS5による試験方法	1回/日かつ 1回/150m³	配合検討の上再製作	試験成績書	ワーカビリティ試験は適宜追加実施
コンクリート強度			供試体採取	設計強度以上					充填コンクリート打設開始時	試験成績書の確認	1回/日かつ 1回/150m³	再施工	試験成績書	
コンクリートの受入	到着時間		ワーカビリティの確保	打設完了時までワーカビリティを確保できる					搬入車両到着時	出荷証の確認	全数	返却		

Sheet-07

※ ▨ の列は施工者による適宜記載のこと

作業区分	計画内容／作業内容	管理項目	重要度	管理内容・管理値	発注者	監理者	施工者	協力業者	時期	方法	頻度	不具合の処理	管理記録	備考
免震部施工管理　下部基礎充填コンクリート打設管理	打設時間管理	ワーカビリティ確保時間内の打設		冬季120分、夏季90分以内に打設完了／台					搬入車両到着時	出荷証の確認	全数	返却		
	打継部の処理	コンクリートの付着性が確保されること		レイタンスの除去、清掃が実施されている					打設前	目視	全数	再処理、再清掃	チェックシート 写真	
	充填コンクリートの打設	施工方法		充填性確認試験結果より定めた施工手順により施工されている					打設時	目視	全数	作業手順の修正	チェックシート 写真	
		充填の確認		空気抜き孔、ベースプレート外周からコンクリートが均等に流出している					打設時	目視	全数	修正		
	コンクリート打設	コンクリート天端高さ		打設計画書、施工図に規定された高さまで打設されている					打設時	目視 スケール	全数	修正		
		コンクリート打設孔の仕上		ベースプレートとの段差がなく、平滑に仕上げられている					打設時	目視	全数	修正		
	コンクリート表面の養生	適切な養生が実施されている		打設計画書どおり					打設終了時	目視	全数	修正	チェックシート 写真	
	基礎コンクリート打継部の処理	コンクリートの付着性が確保されること		レイタンスの除去、清掃が実施されている					打設前	目視	全数	再処理、再清掃	チェックシート 写真	
	基礎コンクリート打設	コンクリート天端高さ		グラウトに必要な空隙が確保されている					打設時	目視 スケール	全数	修正	チェックシート 写真	
		コンクリート天端高さの平面度		水平、平滑に打設されている					打設時	目視	全数	修正		
	充填	グラウト材の付着性が確保されている		レイタンスの除去、清掃が実施されている					打設終了後	目視	全数	再処理、再清掃		
		下部ベースプレート裏面のコンクリートの付着		コンクリートの付着がないこと					打設終了後	目視	全数	清掃		
	グラウト材の混練	製品種別、数量		充填計画書と相違ないこと					製品入着時	納品書の照合	搬入ごと	再搬入	納品書	
		グラウト材の混練管理　・水量　・Jロート流下時間　・練り上がり温度　・可使時間　・圧縮強度		以下の項目の管理値を満足している　・製作者指定値内　・製作者指定値内　・製作者保証温度内　・製作者指定値内　・設計強度以上					グラウト材混練時	立会検査	作業開始時／日	修正	チェックシート 写真	
	グラウト材の充填	施工方法		充填性確認試験結果より定めた施工手順により施工されている					充填時	目視	全数	作業手順の修正	試験成績書 チェックシート 写真	
		充填の確認		空気抜き孔、ベースプレート外周からグラウト材が均等に流出している					打設時	目視	全数	修正		
		硬化時予想最低気温		硬化時予想最低気温が5℃以下の場合、保温養生を検討					施工日前	気象統計よりの推定	施工日ごと	再検討		
		コンクリート打設孔の仕上		ベースプレートとの段差がなく、平滑に仕上げられている					打設時	目視	全数	修正		
免震部施工管理　アイソレータ設置施工管理	アイソレータの受入	製作者名、種別、製造番号等		搬入予定表と相違ないこと					製品入着時	搬入予定表と照合	全数	再搬入	チェックシート 写真	
		養生の状態		製作要領書記載の養生がなされている、欠陥がない					製品入着時	目視	全数	アイソレータ表面の確認 後養生		
		アイソレータ本体の傷、亀裂、欠損、変形		有害な傷、変形がない					製品入着時	目視、触診、計測	1台以上／搬入車両	補修、再製作		
		フランジ部、すべり板の傷の局部的な変形、打傷、反り		設置に支障を生じると考えられる変形がない					製品入着時	目視、触診、計測	1台以上／搬入車両	補修、再加工、再製作		
		塗装面の傷、錆		目視で確認できる錆がない					製品入着時	目視	1台以上／搬入車両	補修		

※ █ の列は施工者により適宜記載のこと

工程		重要度	管理項目	管理内容 管理値	管理区分 発注者	監理者	施工者	協力業者	要領 時期	方法	頻度	不具合の処理	管理記録	備考
計画内容 作業内容	作業区分													
アイソレータの取付 設置	免震部施工管理		水平精度 位置精度	施工計画書記載の管理値内					セット時	レベル、スケール	全数	再セット	チェックシート 写真	
			固定度	施工計画書記載のトルク値で締付け					セット時	トルクレンチ	全数	再締付け		
			取付けボルトマーキング	マーキングが実施されている					締付け時	目視	全数	マーキングの実施		
アイソレータの受入			取付け後の養生、保護の状態	施工計画書記載の養生、保護が実施されている					取付け終了時	目視	全数	保護、養生の実施	チェックシート 写真	
ダンバーの受入			製作者名、種別、製造番号等	搬入予定表と相違ないこと					製品入着時	搬入予定表と照合	全数	再搬入	チェックシート 写真	
			養生の状態	製作要領書記載の養生がなされている 養生に剥がれ、傷がない					製品入着時	目視	全数	ダンバー表面の確認後養生		
ダンバー取付け			ダンバー本体の幅、電気、欠損、変形	有害な傷、変形がない					製品入着時	目視、触診、計測	1台以上/搬入車両	補修、再製作		
			フランジ部、すべり板の局部的な変形、反り	設置に支障が生じると考えられる変形がない					製品入着時	目視、触診、計測	1台以上/搬入車両	補修、再加工、再製作		
			塗装面の幅、傷、錆	目視で確認できる傷がない					製品入着時	目視	1台以上/搬入車両	補修		
ダンバーの取付け			水平精度 位置精度 取付け方向 取付け長 (流体系ダンパー)	施工計画書記載の管理値内					セット時	レベル、スケール	全数	再セット	チェックシート 写真	
			固定度	施工計画書記載のトルク値で締付け					セット時	トルクレンチ	全数	再締付け		
			取付けボルトマーキング	マーキングが実施されている					締付け時	目視	全数	マーキングの実施		
ダンバーの養生			取付け後の養生、保護の状態	施工計画書記載の養生、保護が実施されている					取付け終了時	目視	全数	保護、養生の実施	チェックシート 写真	
上部ベースプレートの受入			製作者名、種別、製造番号等	搬入予定表と相違ないこと					製品入着時	搬入予定表と照合	全数	再搬入	チェックシート 写真	
			塗装面の幅、錆	目視で確認できる傷がない					製品入着時	目視	全数	補修		
			局部的な変形、打痕、反り	設置に支障が生じると考えられる変形がない					製品入着時	目視、触診、計測	1台以上/搬入車両	補修、再加工、再製作		
			鉄骨建方用アンカーボルトの状態	ねじ部に曲がり、傷がない					製品入着時	目視	全数	補修		
			養生の状態	製作要領書記載の養生がなされている 養生に剥がれ、傷がない					製品入着時	目視	1台以上/搬入車両	再養生		
上部ベースプレートの取付け			水平精度 位置精度	施工計画書記載の管理値内					セット時	レベル、スケール	全数	再セット	チェックシート 写真	
			固定度	施工計画書記載のトルク値で締付け					セット時	トルクレンチ	全数	再締付け		
			取付けボルトマーキング	マーキングが実施されている					締付け時	目視	全数	マーキングの実施		

※ ▨ の列は施工者による適宜記載のこと

工程（作業区分・計画作業内容）	重要度	管理項目	管理内容（管理値）	管理区分 発注者	管理区分 監理者	管理区分 施工者	管理区分 協力業者	要領 時期	要領 方法	要領 頻度	不具合の処理	管理記録	備考
上部建築物鉄骨建方（施工中）変形防止治具の取付け		変形防止治具取付け状態	施工計画書、施工図、製作図どおり		▨			取付け時	目視	全数	再取付け	チェックシート 写真	
アンカーボルトの状態		固定度	強固に固定されている 曲げ、変形、傷がない		▨			鉄骨建方開始前	目視	全数	修正		
		受けナットのレベル	設計図面書、施工図、製作図どおり		▨			鉄骨建方開始前	目視	全数	修正		
変形防止治具の解体		変形防止治具解体状態	解体、撤出が完了している		▨			免震層型枠支保工解体後	目視	全数	解体、撤去		解体時期の検討
免震層施工完了後の管理 アイソレータの状態		アイソレータの水平、鉛直変位	施工計画書記載の管理値内		▨			頻度は監理者と協議の上決定	ノギス、傾斜計等	指定箇所	調査の上監理者、製作者と協議	チェックシート 写真	省略可
免震部材の養生		養生の状態	製作要領書の養生がなされている 養生に剥がれ、傷がない		▨			頻度は監理者と協議の上決定	目視	全域	本体表面の確認後再養生		
免震クリアランス		設計クリアランス	設計クリアランスが確保されている		▨			施工後、定期	スケール	全域	修正		
免震エキスパンションジョイント		下地構造の確認	免震エキスパンションジョイントの挙動に対し十分な強度が確保されている		▨			取付け時	目視	全数	修正、補強		
		取付け状態	下地構造と強固に接続されている		▨			取付け時	目視	全数	修正		
		周辺状況	免震エキスパンションジョイントの挙動を阻害する障害物が設置されていない		▨			取付け時	目視	全数	修正		
設備可撓継手、配管		設備可撓継手の固定方法	製作者推奨位置で固定されている		▨			取付け時	目視	全数	修正		
		配管クリアランス	他配管、配線、構造体に対し配管クリアランスが確保されている		▨			縮付け時	目視	全数	修正		
免震部材の竣工時検査前 免震部材の養生		養生の撤去状況	養生の撤去、搬出が完了している		▨			免震部の竣工時検査実施後	目視	全数	養生の撤去の実施	チェックシート 写真	すべり系アイソレータ等
		本設養生材の設置	本設養生材の設置が完了している		▨			免震部の竣工時検査実施前	目視	全数	養生の実施		
免震部材の外観		免震部材本体の傷、亀裂、欠損、変形	有害な傷、変形がない		▨			免震部の竣工時検査実施前	目視、触診、計測	全数	補修、再製作品に交換		
		フランジ部、すべり板の局部的な変形、打痕、反り	設置に支障が生じると考えられる変形がない		▨			免震部の竣工時検査実施前	目視、触診、計測	全数	補修、再加工、再製作品に交換		
		塗装面の傷、錆	目視で確認できる傷がない		▨			免震部の竣工時検査実施前	目視	全数	補修		
免震部材取付けボルト		固定度	施工計画書記載のトルク値で再締付け		▨			免震部の竣工時検査実施後	トルクレンチ	マーキングにずれのある箇所全数	再締付け		
		取付けボルト最終締付けマーキング	マーキングが実施されている		▨			免震部の竣工時検査実施後	目視	全数	マーキングの実施		施工時マーキングと区別できること

3. 製作管理

> 　施工者は免震部材の製作を発注するにあたって「設計図書」に規定されたものに適合した品質が確保されるよう、製作者と十分な打ち合わせを行い、製作管理を実施する。

　免震部材の製作工程で施工者の行う品質管理には、「免震部材製作者（以下「製作者」と記す）による自主管理状況の確認」と「施工者の立会検査による管理」の2種類がある。それぞれの検査項目について、書類（検査報告書）の確認や、立会検査に基づいて、品質管理を行う。

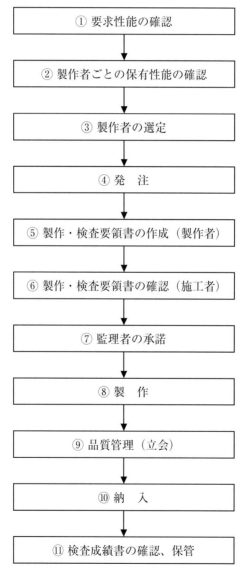

① 要求性能の確認

② 製作者ごとの保有性能の確認

③ 製作者の選定

④ 発　注

⑤ 製作・検査要領書の作成（製作者）

⑥ 製作・検査要領書の確認（施工者）

⑦ 監理者の承諾

⑧ 製　作

⑨ 品質管理（立会）

⑩ 納　入

⑪ 検査成績書の確認、保管

図 3.1　免震部材製作管理フロー

3.1 アイソレータの製作管理

> 施工者は、アイソレータの製作発注にあたって「設計図書」に規定された構造、寸法、性能および品質を十分満足するものが製作されるよう管理を行う。

3.1.1 アイソレータの種類

アイソレータには構造物を支える荷重支持機能、地震時に構造物を支えた状態での大変形機能、構造物を元の位置に復帰させる復元力機能ならびに振動を減衰させる減衰機能が要求される。

設計で採用されたアイソレータの種類や特性は、設計者によって「設計図書」に記載される。施工者はこれらの部材の機能と仕様を実現すべく製作管理をしなければならない。

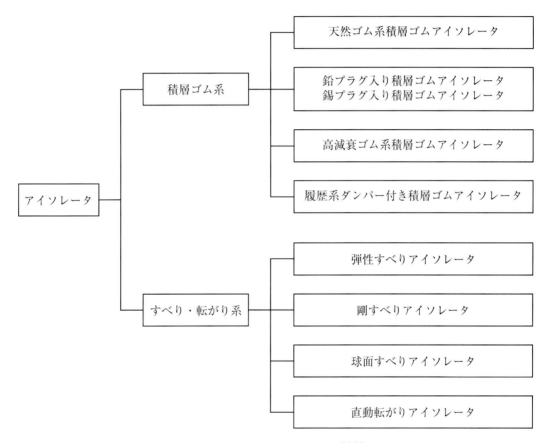

図 3.1.1　アイソレータの種類

① 積層ゴム系アイソレータ

　積層ゴム系アイソレータは鋼板とゴムを交互に重ね合わせた部材である。鉛直方向に高い剛性を持ち、大きな荷重を支持できる。水平方向には、ゴムのせん断変形により柔らかく大きな変形能力を持つ。水平方向に弾性的な特性を持つ天然ゴム系積層ゴム、天然ゴム系積層ゴムの中心に鉛や錫プラグを入れ、ゴム部の弾性と鉛や錫の減衰機能を合わせ持ったプラグ入り積層ゴム、積層ゴム部に減衰性のあるゴムを使用し、弾性と減衰の特性を合わせ持った高減衰ゴム系積層ゴム、弾性機能を持った天然ゴム系積層ゴムのフランジ部に鋼材ダンパーを取り付け、ゴム部の弾性と鋼材の減衰機能を合わせ持った履歴系ダンパー付き積層ゴム等がある。

② すべり系アイソレータ

　すべり系アイソレータは摩擦を一定の範囲に制御可能なすべり材と相手すべり面を組み合わせた免震部材である。すべり材は一般に四フッ化エチレン樹脂（PTFE）、相手すべり面はステンレス板や特殊コートを施した鋼材などが用いられる。すべり系アイソレータには、積層数の少ない積層ゴムアイソレータの底面にすべり材を装着した弾性すべりアイソレータ、すべり材を鋼製フランジに取り付けた剛すべりアイソレータ、すべり面を球面として復元力を持たせた球面すべりアイソレータ等がある。

③ 転がり系アイソレータ

　転がり系アイソレータは、直交して配置した２段の直線レール上に循環式ベアリングを転がす直動転がりアイソレータ、平面または凹面の転がり板の上を球体が転がる平面・球面転がりアイソレータ等がある。一般にボールベアリングおよび転がり面には熱処理された硬度の高い鋼材が使用され、高い荷重支持能力を持つ。転がり系アイソレータの摩擦係数は非常に小さく、減衰機能は期待できないため、復元力特性や減衰機能を持った他の免震部材と組み合わせることが多い。また、直動転がりアイソレータは免震側建物に発生した引抜き力を下部基礎に伝達できることを特長としている。

3.1.2　要求性能の確認

　施工者はアイソレータ製作に先立ち、設計図書に定められた性能を有することを確認する目的で行われる品質管理項目およびその頻度ならびに管理区分について十分に理解しておかなければならない。実製品で確認する項目と、実製品では評価が困難な項目や、評価に長時間必要な耐久性試験項目があるので、これらを分類整理しておく必要がある。

　設計者によりアイソレータのばね定数、減衰特性およびその検査条件に独自の設計値を採用している場合がある。また、既存の認定部材の設計値では該当しない場合もあるので、製作者と打ち合わせの上、質疑書等により監理者と協議すること。

　すべり・転がり系アイソレータは、施工誤差、躯体の収縮・膨張により、可動範囲が偏る。例えば、すべり系アイソレータの設計可動範囲が ± 60cm の場合、施工誤差、躯体の収縮等により、実際の可動範囲が +62cm, − 58cm になることが考えられる。設計クリアランスが 60cm の場合、可動範囲が設計クリアランスを下回る。設計可動範囲が、設計クリアランスに対して余裕がない場合、可動範囲が設計クリアランス以下になることを質疑書等により事前に監理者と協議すること。

3.1.3　アイソレータ製作・検査要領書の承諾

　施工者はアイソレータ製作者と事前に打ち合わせ、製作者の分担する製作方法、検査要領および梱包出荷などについてまとめた「製作・検査要領書」を提出させる。施工者はこの「製作・検査要領書」へ「設計図書」に記載された要求性能を満足させるための管理項目が網羅されているかを確認する。一般に「製作・検査要領書」には次のような内容が盛り込まれる。

---

1. 総　　　則：適用範囲、関連規格、製作範囲、部材製作の流れ等
2. 会社概要：部材製作の場所、会社概要
3. 材　　　料：ゴム、鋼板、鉛や錫など使用材料とその規定
4. 製作方法：部材構造、部材製作工程、主要工程の特記事項
5. 検　　　査：検査項目、検査方法、検査頻度、許容値（形状寸法・材料・ばね定数（鉛直・水平）・減衰定数（履歴曲線）等）
6. 表　　　示：製品への表示内容
7. 出　　　荷：荷姿、付属品（別置き試験体・ゴムサンプル・タッチアップペイント等）
8. 提出書類：発注者に提出する書類
9. 製作図面：製作用図面

　また、「設計図書」に記載されていないことが多い項目で「製作・検査要領書」中で確認を必要とする付帯項目として以下のものがある。
　① 塗装する場合の塗装色指定、塗装の範囲、現場で使用するタッチアップペイントの確保
　② 受入検査に必要な部材の種類、製造番号の表示
　③ 積層ゴム系アイソレータではゴム部の保護方法、すべり・転がり系アイソレータではすべり面の保護や仮固定方法等

3.1.4　品質管理

　施工者は、監理者の承諾を得た「製作・検査要領書」に基づいてアイソレータの品質管理を実施する。本書では、アイソレータの検査項目、抜取り数量および管理区分について　「8.付録」に示す（なお、すべり・転がり系アイソレータについては多種類のものが発案されているので、ここでは一例を作表した）。実際にはそれぞれの形状特性に応じて、監理者の指示によって見直す必要がある。

　製作者が実施した自主管理項目は、検査成績書にまとめられる。施工者は検査成績書の内容を確認し、事前に決定した管理項目が実施されたか、検査結果が「設計図書」および「製作・検査要領書」の記載事項を満足したかを確認する。また、必要に応じて立会検査を実施し、その内容を確認する。

3.2 ダンパーの製作管理

> 施工者は、ダンパーの製作発注にあたって「設計図書」に規定された構造、寸法、性能および品質を十分満足するものが製作されるよう管理を行う。

3.2.1 ダンパーの種類

免震用ダンパーの種類を図 3.2.1 に示す。

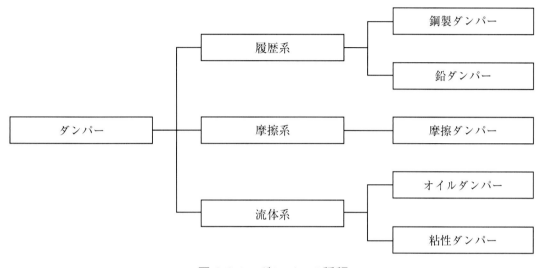

図 3.2.1 ダンパーの種類

履歴・摩擦系ダンパーは、素材の塑性変形や素材間の摩擦により地震エネルギーを熱エネルギーに変換し消費するタイプのダンパーである。その特性は、素材の機械的性質、熱処理方法、寸法等によって影響を受けるので十分な管理が必要である。

3.2.2 要求性能の確認

施工者はダンパーの製作に先立ち、設計図書に定められた性能を有することを確認する目的で行われる品質管理項目およびその頻度ならびに管理区分について十分に理解しておかなければならない。実製品で確認する項目と、実製品では評価が困難な項目や、評価に長時間必要な耐久性試験項目があるので、これらを分類整理しておく必要がある。

オイルダンパーは、施工誤差、躯体の収縮・膨張により、可動範囲が偏る。例えば、オイルダンパーの設計可動範囲が ± 60cm の場合、施工誤差、躯体の収縮等により、実際の可動範囲が +62cm， − 58cm になることが考えられる。設計クリアランスが 60cm の場合、可動範囲が設計クリアランスを下回る。設計可動範囲が、設計クリアランスに対して余裕がない場合、可動範囲が設計クリアランス以下になることを質疑書等により事前に監理者と協議すること。

3.2.3 ダンパー製作・検査要領書の承諾

施工者はダンパー製作者と事前に打ち合わせ、製作者の分担する製作方法、検査要領および梱包出荷などについてまとめた「製作・検査要領書」を提出させる。施工者はこの「製作・検査要領書」に「設計図書」に記載された要求性能を満足させるための管理項目が網羅されているかを確認する。一般に「製作・検査要領書」には次のような内容が盛り込まれる。

---

1. 総　　　則：適用範囲、関連規格、製作範囲、部材製作の流れ等
2. 会社概要：部材製作の場所、会社概要
3. 材　　　料：鋼板、鉛や錫、鋼材、作動油、パッキンなど使用材料とその規定
4. 製作方法：部材構造、部材製作工程、主要工程の特記事項
5. 検　　　査：検査項目、検査方法、検査頻度、許容値（減衰性能等）
6. 表　　　示：製品への表示内容
7. 出　　　荷：荷姿、付属品
8. 提出書類：発注者に提出する書類
9. 製作図面：製作用図面

また、「設計図書」に記載されていないことが多く、要領書中で確認を必要とする付帯項目として以下の3点が挙げられる。

① 塗装する場合の塗装色指定、塗装の範囲、現場で使用するタッチアップペイントの確保
② 受入検査に必要な部材の種類、製造番号の表示
③ 出荷時の梱包、荷姿

3.2.4 品質管理

施工者は、監理者の承諾を得た「製作・検査要領書」に基づいてダンパーの品質管理を実施する。本書では、ダンパーとして実績のある代表的な「U型ダンパー」、「オイルダンパー」の品質管理について、その検査項目、検査頻度および管理区分を「8.付録」に示す。その他のダンパーについては、これらにならい同様の品質管理を行う[1]。

製作者が実施した検査結果は、「検査成績書」にまとめられる。施工者は「検査成績書」の内容を確認し、「設計図書」および「製作・検査要領書」の記載内容を満たしていることを確認する。また、必要に応じて立会検査を実施しその内容を確認する。

＊1）品質管理に伴う性能試験の方法は、以下に示す3種類の方法がある。
① 本設のダンパーでは実施が難しい詳細な試験あるいは保有性能確認試験を事前に行う方法（同等と見なせる試験体でのデータがある場合には、その報告書を提出）をもって試験に代えることができる
② 本設のダンパーにて確認する方法
③ 本設のダンパーとは別に試験体を同時期に製作し、①の試験の一部を実施し性能を確認する方法

3.3 ベースプレートの製作管理

> 施工者は、免震部材用ベースプレートの製作発注にあたり、「設計図書」に記載された構造、寸法、性能、品質を十分満足するものが製作されるように管理する。

　ベースプレートの製作管理について示す。ベースプレートはこれに準ずるものとする。ベースプレートは、積層ゴムを介して上部構造からの荷重を基礎へ伝達する構造的に重要な役割を持っている。また将来、積層ゴムを交換する必要が生じた場合、交換が可能な機能を持っていなければならない。

　ベースプレートの製作に伴い、設計図書に記載されている項目も含め、施工方法に関連した項目に留意することが大切である。

3.3.1　設計図書における確認項目

プレート部	①ベースプレート	材質、形状、寸法（外寸・板厚・孔径）、数量
アンカー部	②アンカーボルト	材質、数量、径、長さ、鉄筋との納まり
	③頭付きスタッド	材質、数量、径、長さ、鉄筋との納まり
	④高ナット	材質、数量、径、長さ、嵌合長さ
	⑤定着板	材質、数量、径、厚さ、固定方法
製品仕様	⑥表面処理	防錆仕様、最終仕上げ仕様
	⑦製品品質基準	変形[1]、損傷状態、形状、塗装仕様
納まり	鉄筋とアンカーボルト	1.　施工者は鉄筋とアンカーボルトの納まりを施工図で確認 2.　納まっていない場合、施工者は監理者に早期にフィードバック
取付けボルト		材質、数量、径、長さ、防錆仕様、強度区分

＊1）：溶融亜鉛めっきを施した場合は、ひずみが大きくなりやすいので検査時に必ず確認すること。

　アンカーボルトおよび頭付きスタッドの鉄筋との納まりについては、施工方法とともに早い段階からの検討を必要とする項目であり、特に留意する。

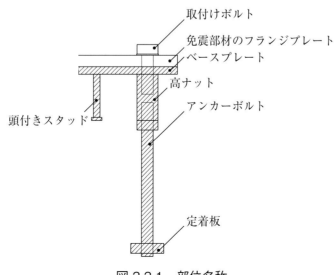

図 3.3.1　部位名称

3.3.2 製作上の留意点

① コンクリート充填孔

　ベースプレート下部にコンクリートを充填する場合、中央部にコンクリート充填孔が必要である。孔の大きさは、通常150 φ～200 φ程度である。また弾性すべりアイソレータのすべり部の面積の大きさにより、打設孔は中央部一ヶ所とは限らない。

② 空気抜き孔（充填確認孔）

　ベースプレート下部にコンクリートを打設する際、中央部より外側に向かって空気を押し出すように打設するが、途中に空気溜まりが生じやすいため空気抜き孔（30 φ程度）を数ヶ所設ける。グラウト充填の場合は、片押しで他方に向かって同様に施工するが、やはり適切な空気抜き孔を設ける。

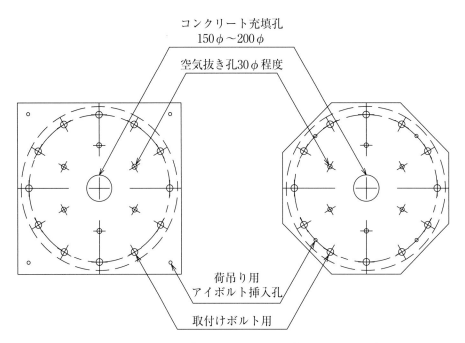

図3.3.2　ベースプレートの孔あけ（矩形・八角形）

写真3.3.1　孔あけ加工

③ 仮設拘束材用孔

仮設拘束材は、すべり・転がり系アイソレータの位置を保持するためや、アイソレータ直上に鉄骨柱脚が取り合うときの偏荷重防止のために用いられる。また、この拘束材を取り付けるためのボルト孔が必要になる。

④ 荷吊り用アイボルト挿入孔（下部ベースプレート）

ベースプレートの上面には突起物を設けてはならない。荷吊り用の玉掛けワイヤーを取り付けるため、取外し可能なアイボルトを使用する。このアイボルト挿入孔を4ヶ所程度ベースプレートに加工する。この孔は空気抜き孔と兼用としてもよい。

⑤ レベル調整用治具（下部ベースプレート）

ベースプレートの設置精度のうち、最も重要な項目に水平精度および位置精度があり、ベースプレート設置用治具には鉛直・水平方向の精度を調整し、固定できる機能が必要である。そのため、ベースプレート側に取り付ける治具がある場合、取付け方法とともに検討し、以上について施工要領書に明記する。特に、アンカーボルトが長大となる場合には、先端側を固定する措置が必要である。

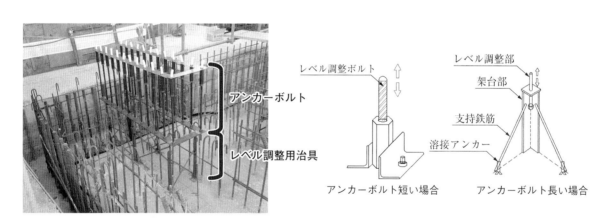

写真 3.3.2　レベル調整治具の例　　　　　図 3.3.3　アンカーフレーム例

⑥ アンカーボルト

アンカーボルトの納まりについて、設計者は鉄筋相互の納まりをあらかじめ検討し、施工者は詳細図等で確認する。特にアンカーボルトが引抜き対応等のために長くなる場合には、杭・梁・柱配筋との干渉を回避するための設置方法や施工手順について検討し、事前に監理者と協議する。

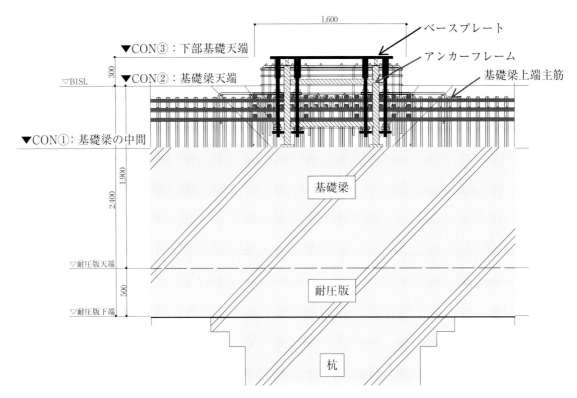

図 3.3.4　アンカーボルトが長い場合の例

⑦　製作精度

　ベースプレートの製作精度は、免震部材のフランジプレートと同精度で製作されることが基本で、万一両者のボルト孔の位置・孔数・径の誤差が著しく大きく生じると施工不良になる。従って、ベースプレートの製作精度の確認は現場搬入の前に行うこととする。その際、メーカーより積層ゴム等免震部材フランジプレートのフィルム（型板）を取り寄せ、ベースプレートのボルト孔の位置・孔数・径の精度を製作工場で照合する。

写真 3.3.3　反り計測

写真 3.3.4　塗装膜厚計測

3.3.3　品質管理

　施工者は、ベースプレートが設計図書あるいは監理者の承諾を受けて規定されたものに適合した品質であることを確認する。以下、品質管理の参考例を示す。

表 3.3.1　ベースプレートの品質管理

検査部位	検査項目	検査方法	頻　度	判 定 基 準	処　置
材　料	鋼材のミルシート[1]	照　合	全　数	仕様に相違がないこと	再 製 作
頭付き スタッド	溶接部の外観[2]	目　視	全　数	形状に異常がないこと	再 製 作
	溶接部の強度[2]	曲げ試験	抜取り[3]	所定の強度があること	再 製 作
ベース プレート	ボルト孔の位置、径	計　測	全　数	施工できることをテンプレートで照合する	再 製 作
	プレート面の反り	計　測[4]	全　数	反り 1/500 以下かつ 3 mm 以内（図 3.3.5 参照）	矯正する
	局部的な変形、打痕	目　視	全　数	設置に支障が生じないこと	矯正または製品を取替える
	膜厚計測	目　視	全　数	浮き、剥がれがないこと	補修する
		計　測	全　数	仕様に相違がないこと	補修する
アンカー ボルト	組立後の定着長	計　測	全　数	寸法に相違がないこと	高ナットへの定着長を確認し、調整または交換する

＊1）ミルシートがない場合それに替わる資料。
＊2）溶接部の外観検査および強度試験は JIS-B-1198 に準じる。
＊3）抜取りの数は設計者または監理者と協議のこと。またダミーを用いることを推奨する。
＊4）プレート面の反りの計測位置は図 3.3.5 に示すように免震部材フランジプレート外径位置とする。

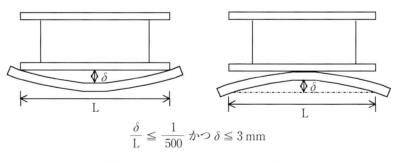

$$\frac{\delta}{\mathrm{L}} \leq \frac{1}{500} \text{ かつ } \delta \leq 3\,\mathrm{mm}$$

図 3.3.5　ベースプレートの反り

41

3.4 免震継手の製作管理

> 　施工者は、免震継手の製作発注にあたって「設計図書」に規定された構造、寸法、性能および品質を満足するものが製作されるよう管理を行う。
> 　設計図書に記載のない場合は設計者・監理者・製作者・エネルギー供給会社と協議し決定する。

　日本免震構造協会「免震建物の設備標準」（以下「免震設備標準」と記す）に、製作管理、施工について詳しく示されている。製作管理は、「免震設備標準」に従うこととした。

　施工者は、設計者が免震継手に求めている性能を理解し、免震継手の製作管理、施工を行う。設計図書に構造、寸法、性能および品質が示されていない場合は、監理者に構造、寸法、性能および品質の明示を要求する。

　免震継手は免震建築物と非免震部をつなぐ配管に取り付けられ、地震により生じる免震建築物と非免震部の相対変位を安全に吸収するものでなければならない。このため、免震継手は以下の性能が必要となる。

① 　変位吸収性能：免震建築物の設計可動量を吸収する性能。
② 　耐疲労性能：繰返し変位に耐え得る性能。
③ 　形状復元性能：変位吸収後に形状復元し、配管の機能を維持させる性能。

　以上の性能と設置箇所や作動スペースにより免震継手が選定され、反力値に耐え得る固定支持部の設計が行われている必要がある。

　免震継手は消耗品であるため交換を想定した設計が行われ、交換に際し免震継手の搬入ルートの確保、水を抜くことができない配管ではバルブが設置されていることを確認する。また、取付け場所、流体、作動スペースを考慮して材質と形式が選定されていることを確認する。

　免震継手の製作にあたっては、下記項目の確認が必要となる。

1. 　設計可動量の確認
2. 　取付け場所の確認
3. 　材質・形式の確認（詳細は「3.4.1 免震継手の材質」を参照）
4. 　作動スペースの確認（詳細は「3.4.2 免震継手の作動スペース」を参照）
5. 　固定架台の確認（詳細は「3.4.3 免震継手の固定支持部」を参照）

3.4.1 免震継手の材質

> 流体により免震継手材質は選定される。ゴム製と金属製のどちらでも対応可能な流体の場合、設置スペースにより材質を選定する。

主な免震継手の種別と適用範囲を表 3.4.1、形式例を図 3.4.1 に示す。

表 3.4.1　免震継手の適用範囲

材質	適用流体	使用温度 （℃）	最高使用圧力 （MPa）
ゴム製	冷水、温水、冷却水、給水	70 以下	1.0
	排水		0.3
金属製	冷水、温水、冷却水、給水、給湯、蒸気、油、医療ガス	150 以下	2.0
フッ素樹脂製	給湯、薬液、純水	100 以下	1.0

水平１本タイプ（排水用）

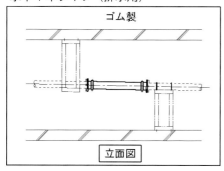

２本Ｌ字取付けタイプ

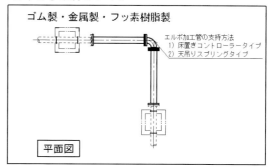

垂直１本タイプ

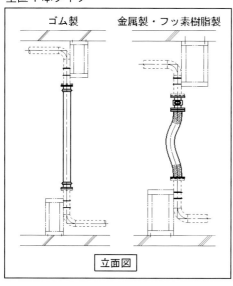

Ｕ字取付けタイプ

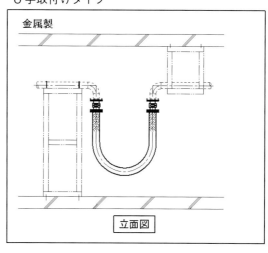

図 3.4.1　免震継手の形式例

43

3.4.2 免震継手の作動スペース

> 地震時に免震継手が他の配管、設備機器および構造物に接触しないよう、設計可動量に合わせ十分な作動スペースを確保する。また、免震継手の設置後に作動スペース内に障害となるものを置かないように注意する。

地震時には、図 3.4.2 のように免震継手が変形する。斜線内の範囲には、免震継手の変形を妨げるものを設置しないようにする。作動スペースをペンキなどで表示することが好ましい。

A＝設計可動量＋フランジ外形× 0.5 ＋ 100※

B＝免震継手長さ＋エルボ長さ

C＝設計可動量

※安全を見込んだ数値［単位：mm］

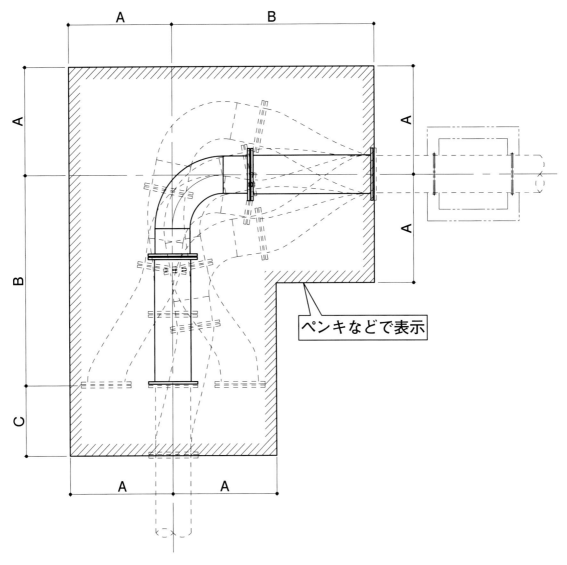

図 3.4.2　作動スペース

水平1本タイプ（排水用）　　　　　　垂直1本タイプ

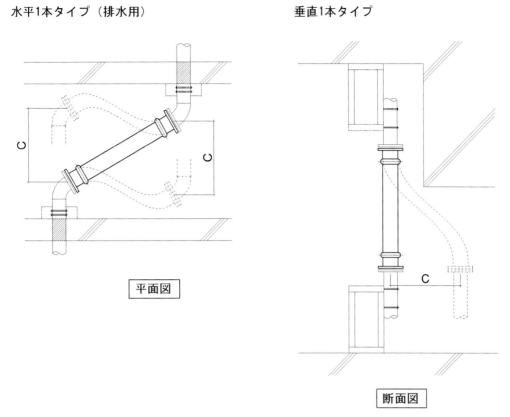

図 3.4.3　免震継手の可動範囲

3.4.3　免震継手の固定支持部

> 免震継手の変位追従および吸収性能を最大限に発揮するためには、免震部や非
> 免震部の配管固定支持部は十分な強度を確保する必要がある。

　免震継手の性能を最大限に発揮するために、免震側と非免震側に免震継手の反力値に耐え得る固定架台と固定用配管を設けること。

　固定支持部が不完全であると、免震継手の性能が発揮されないため、下記項目に注意する。

① 　固定用配管は、それぞれの固定架台にUボルト2ヶ所以上、または溶接にて固定する。

② 　固定架台は免震部・非免震部とも免震継手の近くに設ける。固定架台の固定部までの配管材料は、配管用炭素鋼鋼管（SGP）または継手の反力値に応じた強度を有する材料を使用する。

③ 　固定架台の鋼材、アンカーボルトは免震継手の反力値に耐え得る強度であることを確認する。

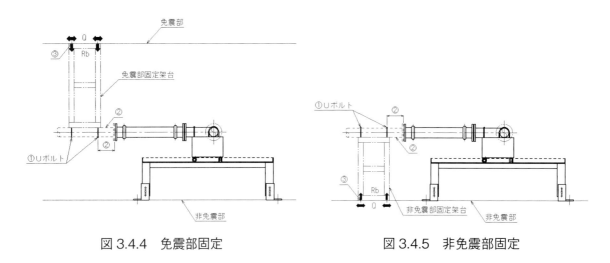

図 3.4.4　免震部固定　　　　　　　図 3.4.5　非免震部固定

3.4.4 製品検査

> 施工者は、免震継手に関し、製品検査成績書の提出を製作者に求め、設計仕様に基づくことを確認する。

製品検査の項目と判定基準は、表3.4.2 による。

表 3.4.2 免震継手の製品検査項目

検査項目		検査内容	検査頻度	判定基準	処置
寸法検査		製品寸法：長さ測定 フランジ：外径・孔径・ ボルト孔ピッチ	※1	検査基準内であること	再製作
外観検査	免震継手	傷・変形の有無	全数	実用上有害な変形・傷がないこと	再製作
	配管部	フランジの変形	全数	異常な変形がないこと	再製作
		表面処理	全数	浮き、剥がれなど有害な傷がないこと	補修

※1 製作者の基準によるが、「設計図書」記載事項を確認の上、協議決定する。

3.4.5 性能確認試験

> 施工者は性能確認試験の試験報告書の提出を製作者に求め、免震継手が所定の性能を有していることを確認する。ただし、すでに同種製品に対して試験が行われている場合は、その報告書（試験成績書など）としてよい。試験報告書がない製品を使用する場合は監理者と協議すること。

性能確認試験の項目と判定基準は表 3.4.3 による。

表 3.4.3　免震継手の性能確認試験

検査項目	検　査　規　格	判　定　基　準	処　置
水平方向変形性能	水平変形：設計可動量相当 試験圧力：製品定格圧力 上記範囲において 50 サイクルの水平加力を行う	外観上、異常がないこと	再製作
試験後耐圧性能	試験圧力：製品定格圧力 × 1.5 以上 保持時間：5 分以上	漏水等の異常がないこと	再製作

その免震継手にとって下記に示す最も負担が生ずる方向にて繰返し 50 回を基準として水平変形を与える。

変位速度は 50cm/s 以上とし、外観上異常がないことを確認する。

例として図 3.4.10 に示すような水平変位 40cm の場合、試験での周期は約 3 秒とする。

$$(40(\mathrm{cm}) \times 2 \times 2)/50(\mathrm{cm/s}) = 3.2(\mathrm{s})$$

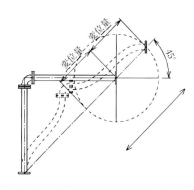

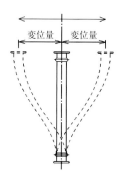

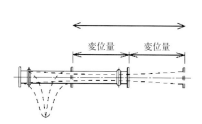

図 3.4.6　L 字型の繰返し方向　　図 3.4.7　竪型の繰返し方向　　図 3.4.8　水平型の繰返し方向

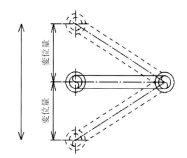

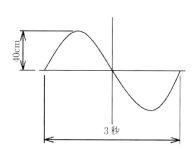

図 3.4.9　U 字型の繰返し方向　　図 3.4.10　変位周期の取り方

3.5 免震エキスパンションジョイントの製作管理

> 免震エキスパンションジョイントの製作管理は、日本免震構造協会編「免震エキスパンションジョイントガイドライン」による。
> 施工者は、「設計図書」に示される以下の免震エキスパンションジョイントに対する要求性能を理解し、「設計図書」に示される製品を発注する。
> ・製品詳細図（または、既製品の製品型番）
> ・各部位の免震エキスパンションジョイント性能指標
> ・設計可動量
> ・設計荷重
> ・許容想定残留変位量
> ・メンテナンス方法
> ・確認実験の有無

　日本免震構造協会編「免震エキスパンションジョイントガイドライン」（以下「免震 Exp.J ガイドライン」と記す）に、製作管理、施工について詳しく示されている。製作管理は、「免震 Exp.J ガイドライン」に従うこととした。

　施工者は、設計者が免震 Exp.J に求めている性能を十分に理解し、免震 Exp.J の製作管理、施工を行う。設計図書に製品詳細図（または既製品の製品型番）と要求性能（性能指標・設計可動量・設計荷重・残留変位量等）が示されていない場合には、監理者に製品詳細図と要求性能の明示を求める。また、一般部のみ製品詳細図があり、入隅・出隅等の特異な箇所が示されていない場合もあるので、特異な箇所の製品詳細図も監理者に要求する。

　製作管理の過程で、設計図書に示される製品詳細図が要求性能を満足しないと判断した場合、要求性能を満足する製品詳細図を監理者に要求する。

　免震 Exp.J は、使用箇所により製品が異なる場合が多いので、発注時に注意する。

　なお、実績のない免震 Exp.J が製品詳細図に示されている場合、性能を確認する必要がある。また、「設計図書」に示される性能指標により確認方法は異なる（確認方法を表 3.5.1 に示す）。免震 Exp.J の性能に A 種・B 種が要求されている場合は、可動試験が必要であり、可動試験は準備等を含めて期間が必要なことから、工事工程に余裕をもって発注する。

　免震部材の取付け部や下地が、強度不足により破損する事例が報告されている。地震時に免震 Exp.J の支持部に作用する反力に対して、取付け部や下地が破損しないようにする。

表 3.5.1　免震 Exp.J の可動性に関する性能設定

性能指標	中小地震 変位50mm 程度	大地震 設計可動量	確　認　方　法	使用箇所 （参考）
A種	機能保全	機能保全	設計可動量まで損傷しないことを振動台実験により確認する（振動台の可動量が小さい場合にはオフセットして試験することも可とする）。	避難経路 人・車の通行の多い箇所
B種	機能保全	損傷状態1	設計可動量において軽微な損傷であることを振動台実験により確認する。 または、設定可動量まで損傷しないことを加振台にて確認する。	人の通行のある箇所
C種	損傷状態1	損傷状態2	図面により可動することを確認する。	ほとんど人の通行がない箇所

表 3.5.2　損傷状態の定義

区　分	状　　　態
機能保全	変形、傾き、隙間など機能上の支障がない。地震後にも機能を確保しており無補修で継続使用可能。仕上げのすりキズやシール切れなどの軽微な損傷は可。
損傷状態1	過大な変形、傾き、隙間がない。地震後に調整・補修で継続使用可。床段差や多少の壁の突出があるが通行に支障はない。
損傷状態2	やや大きな損傷が生じるが、機能を喪失するような損傷はない。大規模な補修または部品の交換で再使用可。床段差や壁の突出があるが脱落はなく通行は可能。
機能損失	脱落や機能を喪失する損傷が生じる。地震後の継続使用に支障をきたす。

3.5.1　免震エキスパンションジョイントの支持部

施工者は、免震エキスパンションジョイントの支持部や支持部材が破損しないように、十分な強度と剛性を確保する。

免震 Exp.J は、本体の強度と剛性、その取付け部の強度と取付け方法、仕上げ部の強度と厚さ、荷重、下地材の強度と剛性、下地と免震 Exp.J 本体との取付け方法、下地と仕上げの取付け方法など、免震 Exp.J を構成する各部の部材がバランスよく機能を発揮するように施工する。

免震 Exp.J が取り付く下地については監理者に確認の上、十分な強度と剛性を確保した部材としなければならない。

石などの重量物を仕上げに貼ることは仕上げ材そのものの損傷の危険性が高く、損傷した場合、周囲への影響も大きいので避けるべきであるが、やむを得ず、重い仕上げ材を貼る場合には、強度や剛性を十分に高め、安全に作動することを振動台実験などで事前に確認する必要がある。

3.5.2 製品検査

> 施工者は、免震エキスパンションジョイントに関し、製品検査成績書の提出を製作者に求め、所定の仕様を満足していることを確認する。

製品検査項目は、表3.5.3とする。

表3.5.3 免震エキスパンションジョイントの製品検査

検査項目	検査内容	検査頻度	判定基準	処置
外観検査	完成品の目視検査	全数	有害な欠陥がないこと	補修または再製作
寸法検査	製品寸法	全数	検査基準内であること	再製作

51

3.5.3 性能確認試験

> 施工者は免震エキスパンションジョイントに関し、性能確認試験の試験成績書の提出を製作者に求め、所定の要求性能を満足していることを確認する。ただし、すでに同種製品に対して試験が行われている場合は、当該製品の試験成績書に代えて既製品の報告書（試験成績書等）としてよい。また、必要に応じて変位追従性能試験、振動台実験等を行う。

性能確認試験の内容と判定基準は、表3.5.4とする。

シミュレーション図で可動を確認する方法は、東北地方太平洋沖地震において、シミュレーションどおりに可動せずに損傷した事例が多数生じたことから、性能指標C種の確認方法に位置付けられている。A種は振動台実験により、B種は加振台により性能を確認する方法が、「免震Exp.Jガイドライン」では推奨されている。試験方法等は、「免震Exp.Jガイドライン」を参照するとよい。

表3.5.4 免震エキスパンションジョイントの性能確認試験

	試験内容	判定基準	処置
振動台実験	振動台を免震建築物側とし、振動台外周部分を地球側とし、その間に免震Exp.Jを設置して行う。加振は正弦波加振とするが、地震応答波加振も行うことが望ましい。	設計可動量まで変位追従性が満足され、A種においては機能を損なうような損傷が生じないこと。B種においては軽微な損傷にとどまること。床免震Exp.Jにおいては危険な開口が生じない。また、壁免震Exp.Jにおいては人が挟まるような隙間が生じない。有害な残留変形が生じない。	再製作
加振台試験	手動やフォークリフトまたは電動モータにより加振を行う。	設計可動量まで損傷が生じない。床免震Exp.Jにおいては危険な開口が生じない。また、壁免震Exp.Jにおいては人が挟まるような隙間が生じない。有害な残留変形が生じない。	再製作
シミュレーション図	任意水平方向に想定される最大相対変位が発生した時の免震Exp.J構成部材の位置関係を示したシミュレーション図を描き、変位追従性を確認する。	部材間の干渉や、構成材に無理な負担がかからないこと。また危険な開口や突起箇所を生じないこと。	再検討

4. 仮設計画

> 免震建築物は通常の建築物と異なり、外力（地震、風）による水平変形（移動）が大きい。よって仮設計画では、上部構造の水平変形（移動）があることを考慮し、施工精度と安全性の確保に努めなければならない。

　免震建築物は、剛強な拘束材（仮設材）を用いて、上部構造の水平変形（移動）がないように施工された時期もあったが、現在では、施工期間中の地震に対しても免震部材を機能させることで躯体の安全を図るという観点から、特別な場合を除き、拘束材を用いないで施工されている。この場合、完成時と同じく上部構造と下部構造（地盤面）との間に相対変形が生じることから、その変形により仮設物が倒壊したり、躯体が損傷したりすることがないように考慮することが重要である。

　一般的には監理者（または設計者）と協議の上、施工期間中に想定される地震または風による変形や移動により仮設物や躯体に支障がないことを確認すれば、特に水平変形（移動）を拘束する必要はない。

　ただし、アイソレータ直上に鉄骨建方をする場合（4.5.3）や、すべり・転がり系アイソレータを使用する部位の施工（4.5.4）においては、仮設拘束材を用いて上部構造の施工精度やアイソレータの免震性能に支障がないようにしなければならない。

4.1　外部足場

　外部足場は、上部構造に接合された犬走りや上部構造の躯体に設けたブラケット上などに設置し、上部構造と一体とすることで、外部足場と上部構造の相対変形をゼロとすることが望ましい。下部構造や地盤面に設置する場合は、上部構造の変形（移動）に対してある程度追従でき、変形（移動）時に一部損壊しても外部足場全体が倒壊しないように計画する必要がある。また、相対変形により壁つなぎに大きな力が働くため、壁つなぎの本数を増やし補強することや相対変形量を緩和するために足場脚部にすべり板を設けるなどの対策が必要となる。脚部にすべり板を設けた場合は、脚部が地盤面に対して水平移動することになるが、足場の脚部は労働安全衛生規則（第570条第1項第1号）において「滑動防止措置を講ずること」となっているため、労働基準監督署との協議も必要となる。

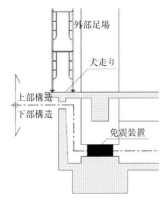

図 4.1.1　犬走り上に設置した例

写真 4.1.1　ブラケット上に設置した例

4.2 揚重機（タワークレーン）

　揚重機は、下部構造（地盤面）に固定されて自立していれば、水平変形（移動）の影響は受けない。しかし、フロアクライミング式の場合は、上部構造にタワークレーンを載せるため、クレーンの動作状況によっては、通常より揺れが大きくなり、タワークレーンの固有周期（約2〜3秒）に共振して不具合が生じないか検討が必要となる。マストクライミング式の場合は、下部構造（地盤面）に設置して、上部構造から控え（ステイ）を用いて固定するため、クレーンポストが上部構造の変形（移動）に追従しやすいようにできるだけ上方に控えをとるとよい。安全性検証においては、上部構造の変形（移動）量、クレーンポストの自立検討、控えの強度、取付け部の補強等について、設計者や監理者と協議し、揚重機メーカーを交えて計画する必要がある。

　また、すべり・転がり系アイソレータを用いた免震建築物で、上部構造にタワークレーンを載せる場合は、局部的な引抜き力により、すべり・転がり系アイソレータが図4.2.2のように浮き上がる可能性があるため、鋼棒や鋼板などを使用して鉛直方向の拘束を設けるなどの対策が必要となる。

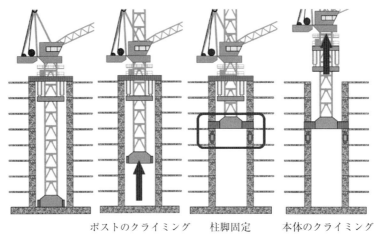

ポストのクライミング　　　柱脚固定　　　本体のクライミング

図 4.2.1　フロアクライミング式

控え（ステイ）

写真 4.2.1　マストクライミング式

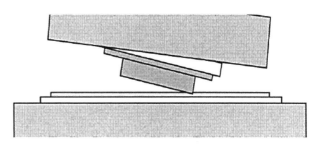

図 4.2.2　すべり系アイソレータの回転変形に伴う
　　　　　浮き上がり状況

54

4.3　工事用エレベータ、リフト類

　工事用エレベータ、リフト類を設置する場合は、上部構造と一体とし、下部構造（地盤面）とは接続しないようにすることが好ましい。下部構造（地盤面）から直接立ち上げる場合は、脚部が相対変形により損壊しても、機器全体が倒壊しないように各階との接合部の補強や水平変形（移動）を考慮する。エレベータ基礎部が水平方向に滑るように計画する場合もある。

写真 4.3.1　工事用エレベータ

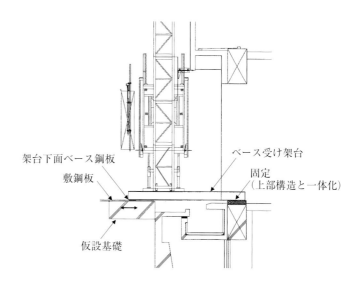

図 4.3.1　工事用エレベータ設置例

4.4　建物内および建物周囲の作業環境

　建物内への通路は一般的に、構台または免震クリアランス部の仮設スラブやブリッジとなるが、上部構造を拘束することなく、地震時に動いたり滑ったりするようにして、水平変形（移動）に追従できる納まりとするよう計画する。また、上部構造の外周部 50cm 程度の範囲は、水平変形（移動）時に破損・損傷の恐れがあるため、仮設建築物・仮設給排水・電気設備・仮設資材置場・駐車場等を設置しないように計画する。

4.5 免震部材の仮設拘束の考え方

> 免震建築物の施工にあたり、免震部材の移動・変形や上部構造の変位が施工に支障のある場合、適切な拘束材を仮設使用する。

4.5.1 免震部材拘束の考え方

拘束材は、施工時の免震部材の固定を主目的としており、施工中に大規模地震が発生した場合は、アイソレータ本体および上部基礎部を損傷させることなく、拘束が解除される（壊れる）強度にしておく必要がある。なお、拘束材の撤去は免震層の機能が発揮される直上階の躯体強度が確保されたのち速やかに行うのが一般的だが、工事ごとに監理者と協議して決定する。

4.5.2 建物全体を拘束する場合

小規模な建築物等であれば免震層の水平変形（移動）を建物全体で拘束できるが、拘束状態のままでは建築物が免震構造として機能しないため、上部構造が受ける地震力が設計時の想定（免震層の層せん断力）を上回り、躯体が損傷を受ける恐れがある。そのため、仮設拘束材は免震層の層せん断力以下に設定された荷重で機能が解除され（はずれる、壊れる、滑る等）、上部構造が免震建築物として応答し、躯体各部位を損傷させないようにする。

仮設拘束材は、大型化せず、撤去や躯体の修復がしやすい工法を採用することが好ましい。

写真 4.5.1　アイソレータの仮設拘束例

4.5.3 アイソレータ直上に鉄骨がある場合の拘束

免震建築物がS造、SRC造の場合で、アイソレータ上に直接鉄骨建方をするときは、鉄骨建て入れ時、鉄骨柱の偏心やゆがみ直し等によって、アイソレータのフランジ部にねじれ、曲げ、水平移動などアイソレータの免震性能が低下するような過大な残留応力が残らないよう、写真 4.5.2 のように鉄骨部材のブラケット部をサポートで支持する等の工夫が必要である。

写真 4.5.2　サポートによる免震部材直上の鉄骨支持例

　隅柱や側柱では、アイソレータに鉛直方向以外のアンバランスな荷重が加わりやすく特に注意しなければならない。この対策として、写真 4.5.3 のようにアイソレータの上下のフランジプレートを固定する鉄骨建方用の仮設拘束材を併設することを推奨する。

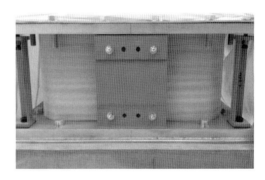

写真 4.5.3　鉄骨建方用仮設拘束材の設置例

　なお、アイソレータの上部ベースプレートに鉄骨柱のベースプレートを緊結する方法が多く採用されているが、鉄骨柱のアンカーボルトはあらかじめ上部ベースプレートに溶接しておく。ベースプレート据付後に溶接作業を行うなどしてアイソレータに熱を与える行為は避けねばならない。
　機能性・経済性の観点から、免震構造のスパン割が大きくロングスパンになることが多いが、特に上部構造が鉄骨造の場合は、支保工の撤去が早過ぎると図 4.5.1 のように梁部材のたわみにより免震部材に曲げ変形が起こり、免震機能低下や建方精度の悪化、さらに上部基礎の層にあるスラブのひび割れ等につながる恐れがある。

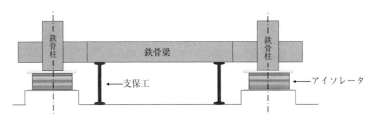

建方時における鉄骨梁仮設支持状況

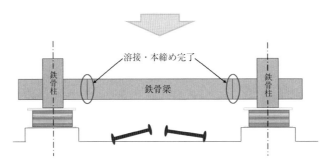

鉄骨梁の接合作業後、直ちに仮設支持を撤去

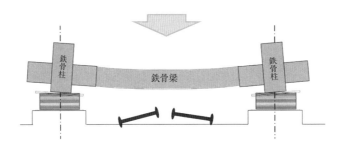

免震部材・鉄骨梁・鉄骨柱に変形が残留

図 4.5.1　鉄骨梁部材の仮設支持撤去のタイミング（悪い例）

　　上記対策として、図 4.5.2 のように上階の床コンクリートが十分に強度発現するか、架構として柱の傾きを防止できる状況になってから、支保工を撤去すべきである。

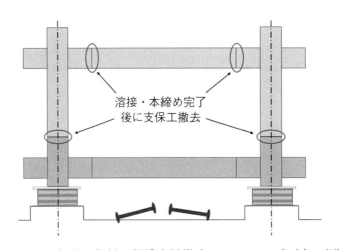

図 4.5.2　鉄骨梁部材の仮設支持撤去のタイミング（良い例）

4.5.4 すべり・転がり系アイソレータの拘束

　すべり・転がり系アイソレータは施工時の形状・位置を保持するため、工場出荷時に写真4.5.4および写真4.5.5に示すような仮止めを実施している。ただし、この仮止めはあくまでも運搬・取付け時の変形を防止することを目的としており、鉄骨建方によるアイソレータの変形を防止するものではない。

写真 4.5.4
弾性すべりアイソレータの仮止め例

写真 4.5.5
直動転がりアイソレータの仮止め例

　弾性すべりアイソレータ・剛すべりアイソレータは、設計上鉛直方向に縁が切れており、施工中、特に上部基礎鉄骨建方時に偏心荷重によりモーメントが発生した場合、図4.2.2のように回転変形が残留して免震機能低下を引き起こす恐れがある。

　このような残留変形を防止するためには、写真4.5.6のように仮設支持を行うとともに、当該免震部材付近の上部構造が立体的フレームとして成立するまで支持を継続することが好ましいが、撤去時期については、監理者と上部構造の安全性等を協議の上、総合的に判断して決定する。なお、上部構造の施工が進むと、躯体自重によって積層ゴムが鉛直変形し、これらの仮設拘束材や免震層内の支保工に圧縮力が生じて、取外しが困難になることがある。上部構造のフレームとして安定性が確保された上で、なるべく早期に撤去するのが好ましい。

　鉄骨建方中は写真4.5.6に示すようにサポートやワイヤー等を使用して、アイソレータをより堅固に拘束する必要があるが、すべり・転がり系アイソレータはその形状から、強固な仮設拘束を計画することが困難である。このため、鉄骨建方は仮設支保工上で鉄骨の組立を行い、鉄骨重量を直接アイソレータに負担させることのないように計画し、鉄骨組立完了後にアイソレータに荷重移行を実施することを推奨する。写真4.5.7に仮設支保工上での鉄骨組立例を示す。

　アイソレータ直上で鉄骨建方がある場合、免震部材や施工の管理基準値をどの程度厳しい値とするのか、位置精度の誤差を吸収するため鉄骨柱脚部をどのようなディテールとすればよいのか、施工計画を立案する段階で監理者と鉄骨製作者を交えて詳細に検討を進める必要がある。

写真 4.5.6　直動転がりアイソレータの建方時拘束例

写真 4.5.7　仮設支保工上での鉄骨組立例

5.　免震層の施工

5.1　受入検査

5.1.1　アイソレータとダンパーの受入検査

> 　施工者は、アイソレータとダンパーが、「設計図書」に記載されたもの、あるいは監理者の承認を受けたものに適合した品質であることを確認するために受入検査を実施する。

　アイソレータとダンパーは、あらかじめ取り決められた製作要領書に従って製作され、全数について、寸法（現寸）および免震性能に関わる項目の検査を製作管理段階で終了しているものとする。作業所搬入時の受入検査では、製品の種類および数量の確認と運搬時の損傷を検査する。

　なお、運搬時の損傷の検査は、抜取り検査（1個以上／当日納品数あたり）とし、残りは養生状態を確認すればよいものとする。抜取り検査におけるアイソレータおよびダンパーの検査項目および処置方法を表 5.1.1 ～ 5.1.5 に示す。

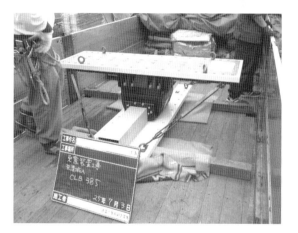

写真 5.1.1　アイソレータ（積層ゴム・直動転がり）およびダンパーの現場受入検査

表 5.1.1　　　　　積層ゴムアイソレータの受入検査

検査対象	検査項目	検査方法	判定基準	処置
表示	製作者名、部材種類、製造番号等	照合	搬入予定表（計画書）と相違がない	工場に確認し、必要な製品を取寄せる
養生	養生の状態	目視触診	積層ゴム部分に巻きつけた養生材に剥がれ、めくれ等がない	ゴム表面を確認した後、巻き直す
積層ゴム部	傷・亀裂・欠損・変形	目視触診	有害な傷や変形がない	補修または製品を取替える
フランジ部	プレートの局部的な変形、打痕、反り	目視触診計測	設置に支障が生じると考えられる変形がない	補修・再加工あるいは製品を取替える
	塗装面の傷、錆	目視	目視で確認できる傷がない	補修

表 5.1.2　　　　　弾性すべりアイソレータの受入検査

検査対象		検査項目	検査方法	判定基準	処置
表示		製作者名、部材種類、製造番号等	照合	搬入予定表（計画書）と相違がない	工場に確認し、必要な製品を取寄せる
養生・仮止め	積層ゴム部	養生・仮止めの状態	目視触診	積層ゴム部分に巻きつけた養生材に剥がれ、めくれ等がない	ゴム表面を確認した後、巻き直す
	すべり板			すべり板全面に養生シートが強固に固定されているすべり面の露出がない仮止め材に緩みがない	
積層ゴム部		傷・亀裂・欠損・変形	目視触診	有害な傷や変形がない	補修または製品を取替える
フランジ部・すべり板		プレートの局部的な変形、打痕、反り	目視触診計測	設置に支障が生じると考えられる変形がない	補修・再加工あるいは製品を取替える
		塗装面の傷、錆	目視	目視で確認できる傷がない	補修
		すべり面の傷	目視	養生材に有害な傷がない	養生材を部分的に剥がし、すべり面を確認する性能に影響すると考えられる傷がある場合は、補修・再加工あるいは製品を取替える

表5.1.3　　　　球面すべりアイソレータの受入検査

検査対象	検査項目	検査方法	判定基準	処置
表示	製作者名、部材種類、製造番号等	照合	搬入予定表（計画書）と相違がない	工場に確認し、必要な製品を取寄せる
養生・仮止め	養生・仮止めの状態	目視触診	上下球面すべり板間隙間の養生にめくれ等がない 仮止め材に緩みがない	工場に確認 養生の再施工
鋼材部	傷、剥がれ、汚れ	目視	目視で確認できる傷や汚れがない	補修

※球面すべりアイソレータは上下のフランジが仮止めされた状態で現場に搬入されるため、受入検査時にすべり板の表面を目視確認することはできない。このため、工場出荷前の検査で十分な確認作業を実施しておかねばならない。

表5.1.4　　　　直動転がりアイソレータの受入検査

検査対象	検査項目	検査方法	判定基準	処置
表示	製作者名、部材種類、製造番号等	照合	搬入予定表（計画書）と相違がない	工場に確認し、必要な製品を取寄せる
レール部・ブロック部	傷、錆	目視	有害な傷や変形、発錆がない	補修または製品を取替える
	養生	目視	上下レール面の養生にめくれ等がない 下レールの養生カバーに有害な変形がない	養生の再施工
フランジ部	プレートの局部的な変形、打痕、反り	目視触診計測	設置に支障が生じると考えられる変形がない	補修・再加工あるいは製品を取替える
	塗装面の傷、錆	目視	目視で確認できる傷がない	補修
	仮止め	目視	緩み、ずれがない	調整・再施工
	付属品（キャップ等）	目視	必要な種類と数が添付	工場に確認し取寄せ

表 5.1.5　　　ダンパーの受入検査

検査対象	検　査　項　目	検査方法	判　定　基　準	処　　置
表示	製作者名、部材種類、製造番号等	照合	搬入予定表（計画書）と相違がない	工場に確認し、必要な製品を取寄せる
養生	養生の状態	目視 触診	養生材に剥がれ、めくれ等がない 仮止め材に緩みがない	本体面を確認した後、巻き直す
本体部	傷、塗装剥がれ、汚れ	目視	目視で確認できる傷や汚れがない	補修または製品を取替える
フランジ部	プレートの局部的な変形、打痕、反り	目視 触診 計測	設置に支障が生じると考えられる変形がない	補修・再加工あるいは製品を取替える
	塗装面の傷、錆	目視	目視で確認できる傷がない	補修

※ダンパーは種別により形状や検査項目が異なる場合があるので、本表のほか、個々の部材の製作要領書で確認すること。

5.1.2 ベースプレートの受入検査

> 施工者は、ベースプレートが、「設計図書」に記載されたもの、あるいは監理者の承認を受けたものに適合した品質であることを確認するために受入検査を実施する。

ベースプレートは、通常の鉄骨製作の工程に準じて製作される。製作工場では、出荷前に製品の寸法、製作精度を中心に製品検査を行い、作業所搬入時の受入検査では、製品の種類および数量の確認と外観検査を実施する。(→ 3.3 参照)

なお、受入時の外観検査は、抜取り検査(1 個以上／当日納品数あたり)とし、主として運搬時の損傷を検査するものとする。

(1) 製品検査の実施

製品検査は、通常の鉄骨部材の製品検査に準じる。製品の寸法、製作精度(ボルト孔位置、反り変形)が特に重要である。

(2) 現場搬入時の受入検査

現場搬入時(納品)の受入検査は、製品検査を実施したものであること、製作者名、部材種類、製造番号等の確認、輸送中の打痕、傷、塗装の剥がれ等の外観チェックを実施する。ベースプレートの検査項目と不合格となった場合の処置方法を表 5.1.6 に示す。

表 5.1.6　ベースプレートの受入検査

検査対象	検 査 項 目	検査方法	判 定 基 準	処 置
表示	製作者名、部材種類、製造番号等	照合	搬入予定表(計画書)と相違がない	工場に確認し、必要な製品を取寄せる
本体部	塗装面の傷、錆	目視	目視で確認できる傷がない	補修
	局部的な変形、打痕、反り	目視触診計測	設置に支障が生じると考えられる変形がない	補修・再加工あるいは製品を取替える
	ボルト孔の状態	目視	適切な養生がされている	養生の再施工

5.2 基礎免震建築物の施工

5.2.1 基礎免震建築物の施工手順

> 施工者は、免震工事施工計画書を作成し、適切な施工手順に従って、免震部材および関連する部位の施工を行う。

　免震建築物の施工で一般建築物と最も異なる点は、通常の階数に加え、免震層を構築することである。地下部あるいは1階床下に免震層を設けている場合、工事着工後さほど期間を置かずに免震工事が始まる。よって免震工事の施工計画は、工事の準備時期から十分な検討を進めておく必要がある。

　免震部材の基礎は、免震建築物で免震部材との最も重要な接合部で、万一施工不良があった場合、地震時に免震建築物として所定の免震性能が発揮されない恐れがある。免震部材が受ける軸力・せん断力を確実に基礎構造に伝達できるよう、コンクリートの打継ぎ処理、ベースプレート周辺の充填性等に配慮する。ベースプレートの基礎への定着方法は、様々な仕様が提示され、鉄筋に関しても、納まり、定着、継手仕様、かぶり厚さの確保等、より重点的に施工品質の確保に努めなければならない。また、下部ベースプレートの設置精度は、以後の免震部材の設置精度ならびに躯体精度にも大きく影響する。免震部材直上に鉄骨建方がある場合、納まりによっては施工精度の確保が難しい場合があり、設計者の意図をくみ取り、十分協議の上、施工に臨みたい。

　免震部材基礎の立上り部（以下「立上り基礎」と記す）の施工は、鋼製のアンカーフレームを組み、その上にアイソレータ用の下部ベースプレートを固定し、基礎の躯体を施工する方法や、位置調整治具付きベースプレートを基礎躯体上部に仮固定し、立上り基礎部分のコンクリートを後打ちで施工する方法等がある。

　免震層の標準的な施工フローを図 5.2.1 に示す。

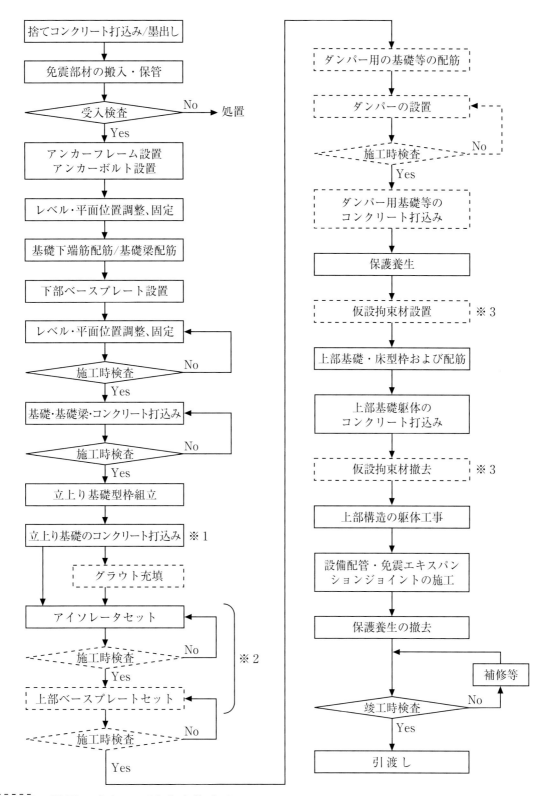

：計画に合わせて適宜実施する

※1 グラウト充填をしない場合は充填性の高いコンクリートで確実な充填を実施する。
※2 この2つの工程は、あらかじめ互いにボルト留めすることにより、同時に行われることが多い。
※3 仮設拘束材は免震層全体の拘束が目的ではなく、施工上の仮固定が目的である。
　　上部に鉄骨がある場合、すべり・転がり系の免震部材の場合はわずかな力で動いてしまうので、
　　個別に適切な拘束治具を設置する。

図 5.2.1　免震層の標準的な施工フロー

5.2.2 施工手順と留意点

> 免震部材の設置は、施工計画書に従って、所要の精度と品質を確保できる手順で施工する。

　免震部材と構造躯体の接合部に相当する免震部材の設置工事では、「①設置精度の確保　②接合部の強度の確保」が重要なポイントとなる。周辺部材の施工で、上下ベースプレートと配筋との納まりでは、事前に杭・基礎梁・柱等の鉄筋とアンカーが干渉しないように検討するなど、留意すべき点が多い。

　以下に、積層ゴム系アイソレータの標準的な施工手順と留意点を示す。

　ベースプレート下部の施工は、コンクリート充填工法とグラウト充填工法を示している。

　[施工手順] および [留意点] の項の░░の部分は、工事内容に応じて、適宜採用する部分を示している。

[施工手順]	[留意点]

[施工手順]

```
┌─────────────────┐
│ 捨てコンクリート打込み │
│    墨出し          │
└─────────────────┘
        ↓
┌─────────────────┐
│ アンカーフレーム設置  │
│ アンカーボルト設置    │
└─────────────────┘
        ↓
┌─────────────────┐
│ レベル・平面位置調整、 │
│    固定           │
└─────────────────┘
        ↓
```

図 5.2.2　アンカーボルトの設置

（テンプレート　下げ振り　アンカーボルト　テンプレート　アンカーフレーム　フーチング下筋　捨コン）

写真 5.2.1　アンカーボルトの設置状況

[留意点]

・アンカーフレームは、下部のコンクリートにしっかり固定する。

・長いアンカーボルトは、位置を固定しにくいので、テンプレート等を使用して固定するとよい。

・捨てコンクリート上に、下部ベースプレートやアンカーボルトの位置を墨出しする。

・アンカーボルトの位置をマーキングしておくと、基礎・基礎梁の鉄筋との干渉を避けやすい。

・コンクリート打込み時に動かないようにしっかり固定する。

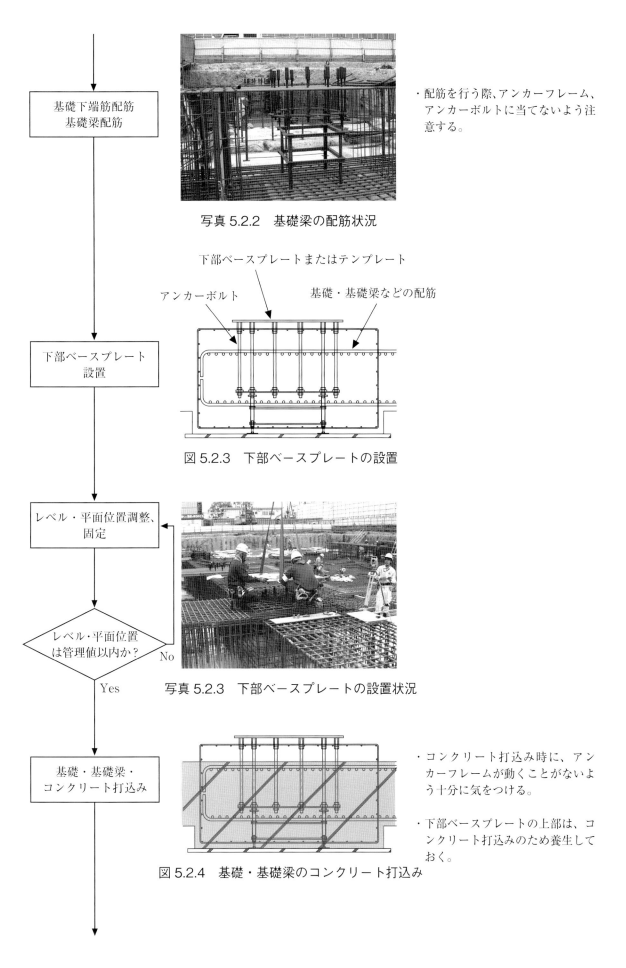

写真 5.2.2　基礎梁の配筋状況

・配筋を行う際、アンカーフレーム、アンカーボルトに当てないよう注意する。

下部ベースプレートまたはテンプレート

アンカーボルト　　　　　　　基礎・基礎梁などの配筋

図 5.2.3　下部ベースプレートの設置

写真 5.2.3　下部ベースプレートの設置状況

基礎下端筋配筋
基礎梁配筋

下部ベースプレート
設置

レベル・平面位置調整、
固定

レベル・平面位置
は管理値以内か？
No
Yes

基礎・基礎梁・
コンクリート打込み

・コンクリート打込み時に、アンカーフレームが動くことがないよう十分に気をつける。

・下部ベースプレートの上部は、コンクリート打込みのため養生しておく。

図 5.2.4　基礎・基礎梁のコンクリート打込み

69

立上り基礎型枠組立

写真 5.2.4　型枠セット状況

・立上り基礎にコンクリートを打込む。

立上り基礎への
（ベースプレート下面）
コンクリート打込み

写真 5.2.5　コンクリート打込み状況

・立上り基礎のコンクリート打込み工法には高流動コンクリートを用いる場合が多い。ベースプレート下面に空隙を生じさせないよう、かつ必要な充填率が確保できるように施工する。実施工を想定した充填性確認試験（5.5.5 参照）を行い、実際の施工方法を把握してから本施工を行うこと。

立上り基礎コンクリート
打込み後の確認

写真 5.2.6　打込み後の確認状況

・打込み後は充填状況やベースプレートが移動したり傾いたりしていないかを確認する。打込み後の精度測定が特記されている場合、管理値以内であることの検査を行う。

・下部ベースプレートの設置精度は、以後の躯体精度等に影響するので、位置、高さ、傾きのチェックが重要となる。特に装置に鉄骨が直接接合する場合は、細心の注意が必要となる。

レベル・平面位置は
管理値以内か確認

コンクリート打込み孔　下部ベースプレート

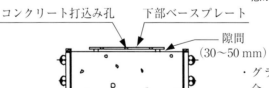

隙間
（30〜50 mm）

図 5.2.5　立上り基礎コンクリート打込み
（グラウト工法の場合）

・グラウト充填工法を採用する場合、下部ベースプレートとの間に30 〜 50mm程度の隙間を残して立上り基礎へのコンクリート打込みを行い、その後隙間部分への無収縮モルタルの充填を行う。

ベースプレート下部
へのグラウト充填

写真 5.2.7　グラウト充填状況

・弾性すべりアイソレータでベースプレートとすべり板が一体の場合は、グラウト充填工法を基本とする。

・グラウト材注入ホースの設置、エアー抜きホースの設置、グラウト材注入手順についても十分に検討する。

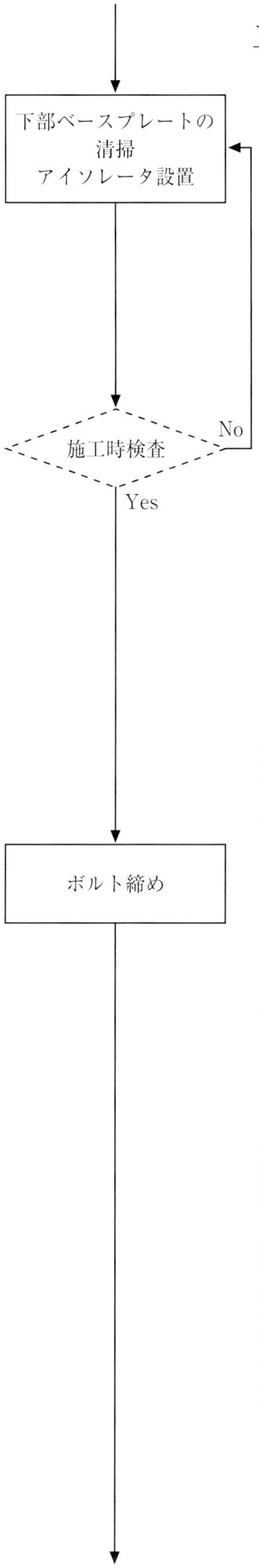

下部ベースプレートの
清掃
アイソレータ設置

施工時検査 — No / Yes

ボルト締め

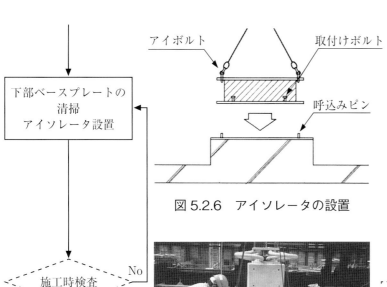

アイボルト　　　取付けボルト

呼込みピン

図 5.2.6　アイソレータの設置

・ベースプレート上のコンクリート、錆、ゴミ等を除去する。
・中央孔のコンクリートレベルがベースプレートよりも下がっている場合、レベルをそろえる処置を行う。
・削れた部分や汚れた部分をペインティング補修する。

・フランジ対角のボルト孔にアイボルトを取付け、玉掛けワイヤーをかけ、静かに設置する。

・呼び込みピンを用いてアイソレータを設置する場合もある。

・ボルトが完全に入ることを確認した後、本体をベースプレート上に設置する。

写真 5.2.8　アイソレータ設置状況

・アイソレータのボルト孔のクリアランスは均等にする。

・ボルトの締付けに際し、トルクの値が設計図書に指示のない場合は監理者と協議して決定する。

・ボルトは対角に締付けていく。また締付け後はボルトの緩みが確認できるようにマーキングをしておく。

写真 5.2.9　ボルト締めの状況

・ボルト締付け順序は5.2.3参照。

写真 5.2.10
ボルト締付け後のマーキング状況

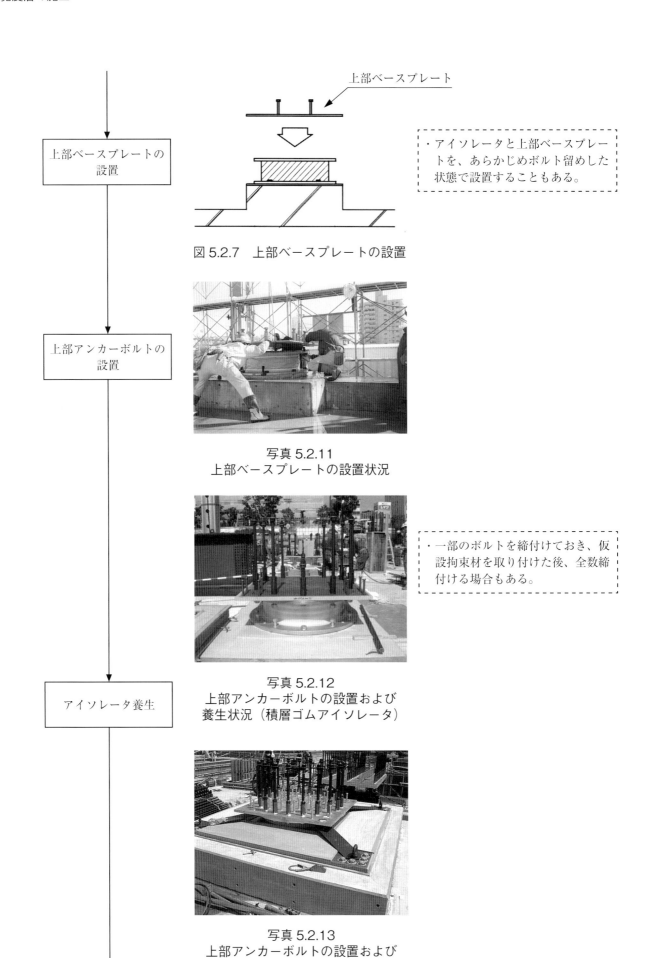

上部ベースプレートの設置

上部アンカーボルトの設置

アイソレータ養生

上部ベースプレート

・アイソレータと上部ベースプレートを、あらかじめボルト留めした状態で設置することもある。

図 5.2.7　上部ベースプレートの設置

写真 5.2.11
上部ベースプレートの設置状況

・一部のボルトを締付けておき、仮設拘束材を取り付けた後、全数締付ける場合もある。

写真 5.2.12
上部アンカーボルトの設置および
養生状況（積層ゴムアイソレータ）

写真 5.2.13
上部アンカーボルトの設置および
養生状況（弾性すべりアイソレータ）

上部基礎底型枠の組立

上部基礎・梁の配筋
上部基礎・梁の型枠組立

上部基礎・梁の
コンクリート打込み

上部構造の躯体工事

写真 5.2.14
上部基礎底型枠の組立状況

写真 5.2.15　上部躯体の配筋状況

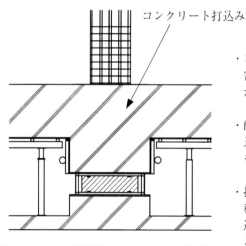

コンクリート打込み

図 5.2.8　上部躯体コンクリート打込み

・上部躯体の施工前に、立上り基礎のコンクリートが所定の強度以上であることを確認する。

・上部ベースプレートのアンカーボルトと鉄筋が複雑に干渉し合うため、配筋要領は、十分な事前検討が必要。

・コンクリート打込みに際し、工区割りなどで偏荷重等がなるべくかからないよう配慮する。

・配筋、型枠組立、コンクリート打込み時に、免震部材が傷、破損等を受けていないことを確認する。

・打込み時には、ベースプレートが移動していないことを確認する。通常、十分な固定が行われていることを前提に打込み後の精度確認を行わないことが多いが、打込み後の精度測定を特記している場合もある（5.7.1（2）参照）。

5. 免震層の施工

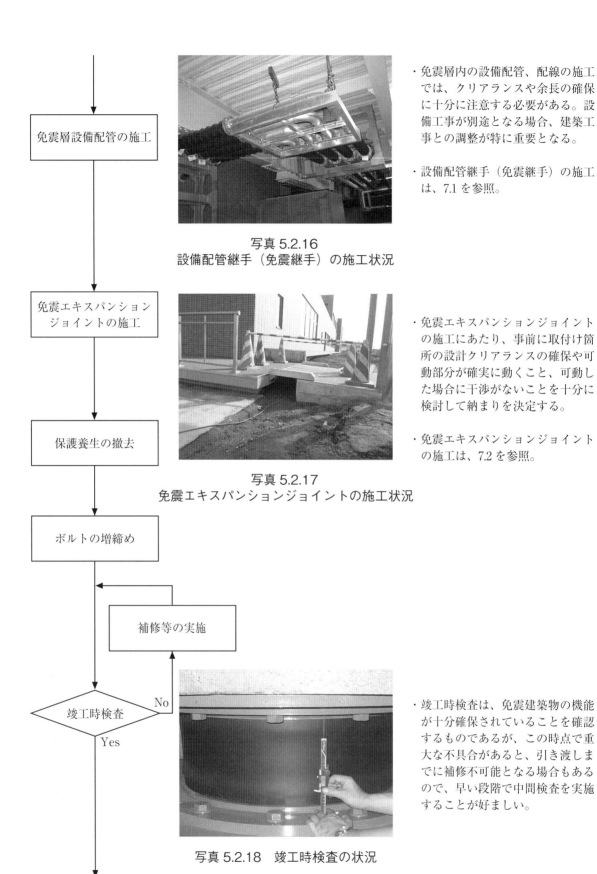

免震層設備配管の施工

・免震層内の設備配管、配線の施工では、クリアランスや余長の確保に十分に注意する必要がある。設備工事が別途となる場合、建築工事との調整が特に重要となる。

・設備配管継手（免震継手）の施工は、7.1 を参照。

写真 5.2.16
設備配管継手（免震継手）の施工状況

免震エキスパンションジョイントの施工

・免震エキスパンションジョイントの施工にあたり、事前に取付け箇所の設計クリアランスの確保や可動部分が確実に動くこと、可動した場合に干渉がないことを十分に検討して納まりを決定する。

・免震エキスパンションジョイントの施工は、7.2 を参照。

保護養生の撤去

写真 5.2.17
免震エキスパンションジョイントの施工状況

ボルトの増締め

補修等の実施

竣工時検査

No

Yes

・竣工時検査は、免震建築物の機能が十分確保されていることを確認するものであるが、この時点で重大な不具合があると、引き渡しまでに補修不可能となる場合もあるので、早い段階で中間検査を実施することが好ましい。

写真 5.2.18　竣工時検査の状況

完成・引き渡し

5.2.3 免震部材取付けボルト

（1） 免震部材取付けボルトの推奨トルク値

免震部材取付けボルトの推奨トルク値を表 5.2.1 に示す。

表 5.2.1　免震部材取付けボルトの推奨トルク値

呼び径	M16	M20	M22	M24	M27	M30	M33	M36	M39	M42
推奨トルク値(N・m)	100	120	160	200	300	400	500	600	800	1000

※オイルダンパーのアンカーボルトに関しては、監理者等と協議の上決定すること

（2） 免震部材取付けボルトの締付け手順

現在、一般的に用いられている方法として、対角締付け方法がある。しかし、この方法を採用する場合、以下のような問題がある。

・ボルト本数が増えるに従い、締付け順序が複雑になる。

・ボルトを一本締付けるたび対角へ移動しなければならないため、締付け作業に時間がかかる。

・経験的に多用されてはいるが、必ずしも合理的とは限らない。

このため参考までに以下、推奨する一方向締付け手順について記載する。

① すべてのボルトを手で軽く締付ける。

② 時計回りあるいは反時計回りの順に、すべてのボルトを手動式トルクツールにおける柄の一番短い部分を握って締付ける。

③ 4ヶ所ないし8ヶ所を推奨トルク値で対角に締付けた後、時計回りあるいは反時計回りの順に推奨トルク値で締付ける。

取付けボルトが16本の場合における、一方向締付け手順の例を図5.2.9に示す。

なお、推奨トルク値での締付けには、プレセット形のトルクレンチを使用することが多いが、使用にあたっては以下の点に留意すること。

・校正済のものを使用する。

・所定の位置を握り、トルクレンチに対し直角に力を加える。

・オーバートルクとなる危険性があるので、締付けの際は勢いをつけず、音がしたら直ちに力を緩める。

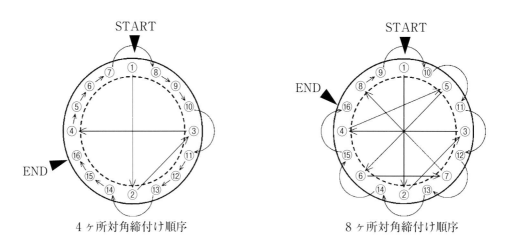

4ヶ所対角締付け順序   8ヶ所対角締付け順序

図5.2.9　一方向締付け手順の例（取付けボルトが16本の場合）

【注意事項】

・施工者は、竣工時検査の前（躯体工事完了時等が望ましい）に増締めを行い、トルク確認後にマーキングをすること。

・耐火被覆が必要な場合は、耐火被覆を取り付ける前に点検を行い、必要に応じて増締めを行うこと。

76

5.3 ダンパーの施工

5.3.1 オイルダンパーの施工手順と留意点

> オイルダンパーの設置は、施工計画書に従って、所要の精度と品質を確保できる手順で施工する。

　免震部材と構造躯体の接合部に相当する免震部材の設置工事では、「①設置精度の確保　②接合部の強度の確保」が重要なポイントとなる。周辺部材の施工で、オイルダンパー両側のブラケットと配筋との納まりでは、事前に杭・基礎梁・柱等の鉄筋とアンカーが干渉しないように検討するなど、留意すべき点が多い。

　以下に、オイルダンパーの標準的な施工手順と留意点を示す。

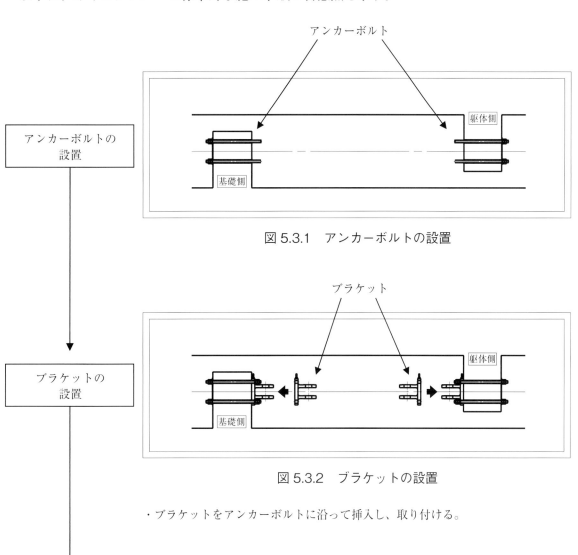

図 5.3.1　アンカーボルトの設置

図 5.3.2　ブラケットの設置

・ブラケットをアンカーボルトに沿って挿入し、取り付ける。

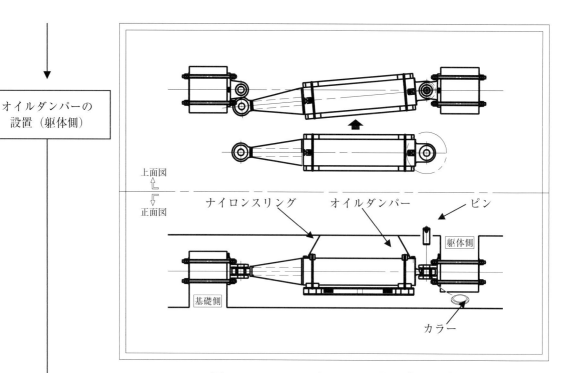

図 5.3.3　オイルダンパーの設置（躯体側）

・オイルダンパーのボトム側金具（径の大きい方）をブラケットの二股に挿入する。
・この時、球面軸受がブラケット孔と平行になるように調整する。
・オイルダンパーとブラケットの取付け孔を合わせる。
・孔位置が大体あった所でカラーをオイルダンパー取付け金具に挿入する。この時、カラーの向きは面取り側をオイルダンパー側とする。
・ブラケットの二股にオイルダンパーのボトム側取付け金具とカラーが装着され孔位置がそろった所で、ピンを上側より挿入する。この時、微調整が必要なためオイルダンパーまたはピンを少しゆすりながら挿入すると入りやすい。
・オイルダンパーをブラケットに挿入する際は、ナイロンスリングで吊る、またはリフトで持ち上げる。吊り上げの際は、所定の吊り位置で規定の吊り具にて行うこと。リフトの際は、バランスの良い爪位置とすること。

写真 5.3.1　ピン

写真 5.3.2　カラー

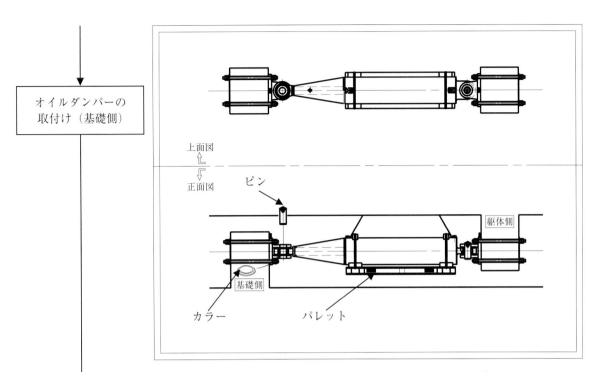

図 5.3.4　オイルダンパーの設置（基礎側）

・ロッドを伸ばす。オイルダンパーのロッド側金具（径の小さい方）をブラケットの二股に挿入する。この時、球面軸受がブラケット孔と平行になるように調整する。オイルダンパーとブラケットの取付け孔を合わせる。
・孔位置が大体あった所でカラーをオイルダンパー取付け金具の下側に挿入する。この時、カラーの向きは面取り側をダンパー側とする。
・ブラケットの二股にダンパーのロッド取付け金具とカラーが装着され孔位置がそろった所で、ピンを上側より挿入する。この時、微調整が必要なためダンパーまたはピンを少しゆすりながら挿入すると入りやすい。

オイルダンパーの
設置後の処理

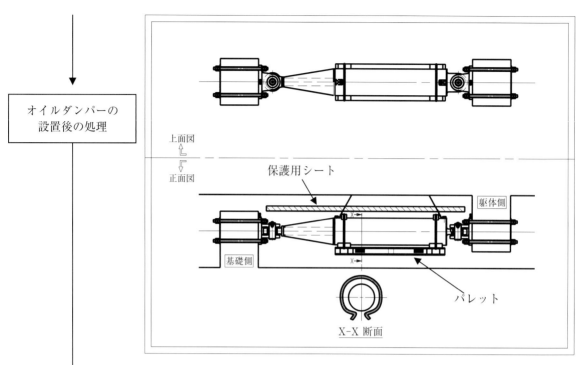

図 5.3.5　オイルダンパーの設置後の処理

・保護用シート（ミラーむしろ）、パレット等の梱包材を取り外す。
・取付け完了後から竣工までの間、セメント液・水等がかかる可能性がある場合は、
　別途養生を行うこと。ただし、竣工時は取り外すこと。
・養生を設置する場合、湿気が塗装の不具合を起こす可能性があるため、通気性を
　損なわない養生材を使用することが好ましい。
　例）完全に円周に巻きつけられていないもの
　例）ベニヤ板を被せる

取付け完了

5.4　免震部材の保管、養生

> 　施工中、免震部材およびその関連部位が、衝撃、熱（火花・火災）および化学物質（薬品・油など）の影響により、部材の破損や性能が低下することのないよう、十分な養生を行うとともに、免震層およびその近傍作業における養生対策、安全作業の遵守を心がける。なお、この養生期間は比較的長期となるため、あまり簡易な養生とはせず、ある程度の衝撃等には耐えられる養生方法とする。また、仮設拘束材の撤去時においても、養生材の一時的な撤去が不要となる養生方法とすることが望ましい。

5.4.1　アイソレータ

　アイソレータはゴムを主材料とするものが多いため、免震層周辺では原則として火気を用いない施工計画とする。やむを得ず溶接などの作業を行う場合は、防炎シート等による火気養生を確実に行う。また、アイソレータ本体は多少の衝撃でも傷がつかない仕様で養生する。

　すべり系アイソレータでは、特にすべり板が傷つけられないよう、すべり板の設置後速やかに、確実な養生を行う。

　転がり系アイソレータでは、金属製ベアリングを使用しているため、特に転がり面に汚れや傷がついて免震機能に影響が出ないよう配慮が求められる。長期間の露天状態は避けるとともに、雨掛かりがないような処置をとるなど、その保管と養生には十分な注意を払う。

薄ベニヤ

ベニヤ

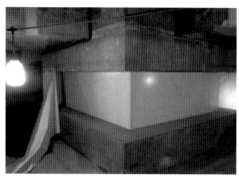
ケイカル板＋防炎シート

薄鉄板

写真 5.4.1　積層ゴムアイソレータの養生例

ベニヤ＋マスカー

防炎シート

写真 5.4.2　すべり系アイソレータ（すべり板）の養生例

写真 5.4.3　転がり系アイソレータの養生例（プラベニヤ）

5.4.2　ダンパー

　ダンパーには多少の衝撃でも傷がつかない仕様で養生を行う。表面の防錆処理は塗装仕様が多く、結露による塗装の剥がれが発生する場合があるため、注意が必要である。また、設備工事等の免震層内での資材搬入作業においては、運搬物とダンパーとの接触には十分な注意を払う。

ナイロンカバー

防炎シート

ベニヤ

写真 5.4.4　Ｕ型ダンパーの養生例

5.5 ベースプレートの下部充填工法

> アイソレータのベースプレート下部は、コンクリートあるいはグラウト材が密実に充填され、所要の強度が得られるように施工する。施工方法の妥当性は、充填性確認試験にて確認する。

上部構造の軸力とせん断力を確実に基礎へ伝達するよう、アイソレータのベースプレート下部はコンクリート、グラウト材により、密実に充填されなくてはならない。ベースプレートの下部には、長ナット、頭付スタッド、アンカーフレーム、基礎筋等が高密度で配置されており、充填されるコンクリートやグラウト材の流動を阻害して空隙の発生を誘引することが多い。

このため、施工者はあらかじめ充填材料、充填方法、ベースプレートの形状等を検討し、充填性が確保できる施工計画を立案する必要がある。以下 5.5.1 および 5.5.2 に、標準的な充填方法を示す。

5.5.1 コンクリート充填工法

ベースプレート中央のコンクリート打設孔から、コンクリートを充填する方法である。打設孔から投入されたコンクリートは中央からプレート外周方向へ均等なコンクリート流をつくり、プレート下面の気泡を追いやることを基本としている。本工法もグラウト充填工法同様に空気抜き孔（充填確認孔）の位置を検討する必要がある。コンクリートの充填はコンクリート打設孔にホッパーを設置しホッパー内のコンクリート重量により充填する重力式と、コンクリート打設孔にコンクリート圧送管を直結しポンプ圧により充填する加圧式が一般的である。どちらの方式においても、コンクリート材料が空気を巻き込まないように配慮する必要があり、特に加圧式ではポンプや圧送配管から空気が混入する場合があるので注意を要する。

また、一般に充填用コンクリートには高流動コンクリートが用いられる。高流動コンクリートにはバイブレータによる締固めを行わず、自然に流動、充填させることで、充填性を高めるとともに巻き込む空気量を少なくしている。なお、基礎内の打設高さが500mmを越すと、コンクリートの重量によるブリージングが発生しやすいので、高流動コンクリートの打設高さは500mm以内に計画することが好ましい。

充填終了は、コンクリート打設孔およびベースプレート外周部に余盛りが残る状態とし、コンクリートの沈降による空隙の発生を防ぐようにする。なお、コンクリートの調合は、ブリージング量が最小となるよう計画する。コンクリート打設孔、空気抜き孔の表面は凹凸のないようベースプレート面と同レベルに仕上げる。

高流動コンクリートの強度は通常 50 ～ 60N/mm² であり、製造にあたり製造者は「指定建築材料（国土交通大臣認定）」の取得が必要である。取得した認定により配合が定まるため、施工者は高流動コンクリートの採用にあたり、事前に製造者と協議の上、製造者が認定を取得している複数の配合から、充填性を満足する配合を決定し、試験練り、試験施工によりその性状を確認する。

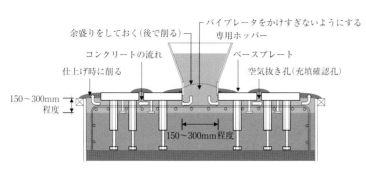

図 5.5.1　コンクリート充填工法の概要　　　写真 5.5.1　コンクリート充填工法

5.5.2　グラウト充填工法

　先行打設コンクリートとベースプレートの間を 30 ～ 50mm 程度残しておき、その隙間を無収縮モルタル等で充填する方法である。充填には隙間端の片側から圧入する方法、ベースプレート中央のコンクリート打設孔より流し込む方法が一般的に用いられる。

　先行打設コンクリートの天端に凹凸があると、充填の障害となり空隙を誘発することがあるので、コンクリート天端を平滑にし、隙間の高さを一定に管理する必要がある。また、コンクリート表面のレイタンス処理はベースプレートの下での実施となり、困難になりがちなので、事前にレイタンス処理の方法を検討する必要がある。

　大型のアイソレータの場合、ベースプレートの外径が 2m を越すサイズとなるので、圧入充填口や空気抜き孔（充填確認孔）の位置を十分に検討する必要がある。また、グラウト量を少なくするためにグラウト厚を薄くしすぎると、レイタンス処理、清掃が不十分となったり、充填性が低下して空隙ができやすくなるので注意する。

　グラウト材の仕様が設計図書に記載されていない場合は、材料・強度等を監理者と協議し、仕様を決定する。また、ベースプレートの板厚が 16mm 以下と薄い場合には、グラウトの圧力によりプレート中央部が盛り上がる変形を起こすことがあるので注意する。

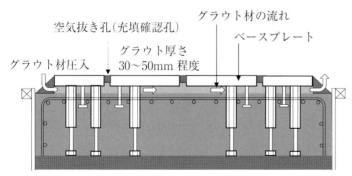

図 5.5.2　グラウト充填工法の概要　　　写真 5.5.2　グラウト充填工法

5.5.3 ベースプレート下部充填計画のフロー

　ベースプレート下部充填工法の計画のフローを図5.5.3に示す。なお、高流動コンクリートを用いたコンクリート充填工法を採用する場合とグラウト充填工法を採用する場合には、それぞれ以下の項目を満足させる必要がある。下記事項を参考に施工条件を考慮して充填工法を選択する。

【コンクリート充填工法】
・可搬時間距離内で高流動コンクリートを供給するプラントが確保できること。
　JIS認定品あるいは高流動コンクリートには大臣認定品もあるため、その規定を満足した上で、フローロスを考慮し、運搬可能な時間内で打込みを完了できる施工計画を立案すること。
・プラントに要求性能を満足するコンクリートの納入実績があること。
・作業所に高流動コンクリートを管理できる技術者が在籍していること。
　または、高流動コンクリートを管理できる技術者の支援が得られること。
【グラウト充填工法】
・コンクリートと同等以上の強度を発現するグラウト材料が使用できること。
・グラウト材料の収縮量が、設計上許容しうる範囲であること。
・充填性を確保するため、十分な流動性を確保できること。

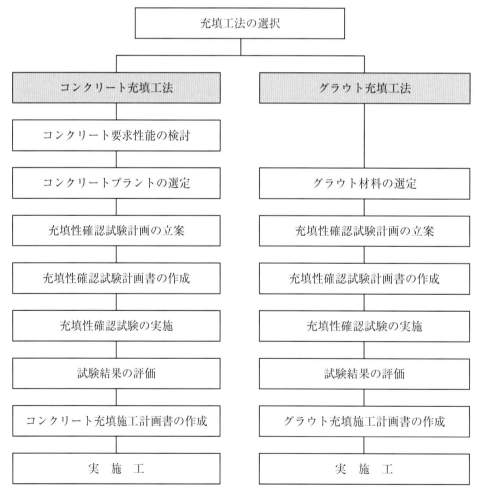

図5.5.3　充填工法の計画フロー

5.5.4　高流動コンクリートの管理

　高流動コンクリートは、高性能 AE 減水剤を使用して、単位水量を上げることなく粘性を低下させずに流動性を高めるものである。フレッシュコンクリートの流動性はスランプフローで管理し、材料分離抵抗性は広がったコンクリートの状態から評価する。中央部に粗骨材が残ったり、周辺部に遊離したセメントペーストが偏在していないコンクリートであることを確認する。一般に免震部材基礎にはスランプフロー値が 60cm 程度のフレッシュコンクリートが用いられている。

　高流動コンクリートは、単位水量の変動によるフレッシュ性状の変化が大きくなりやすいため、細骨材の表面水など製造管理を厳しく行う必要がある。試験練りでは、時間経過や温度変化に伴うスランプロスの量も把握し、打設計画に反映させる必要がある。

　高流動コンクリートへの要求性能の一例を以下に示す。

・水セメント比　　　　40％以下（35％以下を推奨）
　　　　　　　　　　　骨材分離・クラックの防止、ブリージング抑止のため規定
・スランプフロー　　　60cm ± 5cm（60cm ± 2cm を推奨）
　　　　　　　　　　　充填性確保のため規定
・50cm フロータイム　 3 ～ 8 秒
　　　　　　　　　　　充填性確保・分離に対する抵抗性確保のため規定
・ブリージング量　　　微量
・フローロス　　　　　20℃で練り上がり 120 分で 60cm ± 5cm を目標
　　　　　　　　　　　20℃で練り上がり 120 分で 50cm、フロータイム 3 ～ 8 秒を目標

5.5.5　充填性確認試験

　ベースプレート下部の充填工事の環境は、基礎の形状・配筋・ベースプレートの大きさ・アンカーボルトおよび頭付きスタッド・コンクリートの品質、打設方法など様々である。

　ベースプレートとアンカーボルトは溶接により固定されており、基礎のコンクリートを打設した後にベースプレートを取外すことはできないので、実施工ではベースプレート下部にグラウトあるいはコンクリートが密実に充填されているかは目視確認できない。このため、コンクリート打設後にベースプレートを取外すことができるディテールとした試験体を用いて充填性確認試験を行い、確実な充填が実施できる充填材料や打設手順等を把握するとともに、管理項目、管理基準を決定し、これと同じプロセスで施工することにより、免震基礎の品質を担保する必要がある。ベースプレート下部へのグラウトあるいはコンクリートの充填性は、基礎の形状・配筋、ベースプレートの形状・大きさ、アンカーボルトおよび頭付きスタッドの配置、コンクリートの性状、打設方法、作業日の天候・気温など様々な要因により影響を受ける。これらの要因を可能な限り再現した試験施工を実施した上で、本施工を実施することが望ましい。充填性確認試験の実施状況を写真 5.5.3 に示す。

87

1）試験用ベースプレートと型枠設置状況

2）生コンの受入検査

3a）コンクリート充填（加圧式）

3b）コンクリート充填（重力式）

4）コンクリート充填完了

5）充填率の確認

写真 5.5.3　充填性確認試験の実施状況

5.5.6 充填性の判定について

　充填性確認試験は、コンクリート材料、ベースプレートおよび基礎のディテールおよび打設手順の妥当性を判断することを目的としており、試験結果の判定基準に関し、事前に監理者と十分な協議をしておく必要がある。例えば、空隙とみなす最小気泡径を小さくすれば構造性能は必然的に向上するということはなく、むやみに小さくする必要はない。一般に 1 ～ 2mm 程度の気泡のカウントは充填率に大きく影響を与えないことから、5mm 程度が妥当であろう。充填性確認試験の計画段階で協議しておくべき主な項目を以下に列記する。

表 5.5.1　充填性確認試験に関連する項目

判定値の決定に関わる項目	充填率のカウント方法に関わる項目
長期最大面圧 大地震時の有効受圧面と支圧分布 充填部のコンクリート強度 安全率	許容する最大空隙径 空隙とみなす最小気泡径 許容する空隙位置の分布、偏り
施工性に関わる項目	
充填材料（スランプフロー、スランプロス） 打設方法 人員配置 打設時間	

　充填性は、コンクリートを一定期間養生した後、ベースプレートを取外して確認する。判定基準は、ベースプレート下へのグラウトあるいはコンクリートの充填率で規定されるのが一般的で、その値は図 5.5.4 に示す免震部材の最大面圧や支圧分布、コンクリート強度、構造実験の結果などの構造的見地と過去の施工実績に基づき決定する。

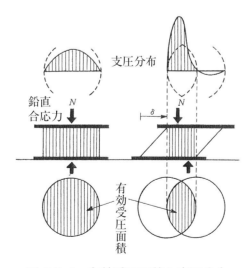

図 5.5.4　有効受圧面積と支圧分布

　充填率の判定基準はベースプレート全面積に対する充填率として規定されることが多いが、この方法では、ベースプレート下部の一部に空隙が集中した場合でも、全体として充填率を満足してしまう場合がある。例として充填率90%となった2つの試験結果を図5.5.5に示す。この図から充填性の判定には、空隙の分布も重要な判定項目であり、全体の充填率のみでの判断では不十分な場合もありえる。

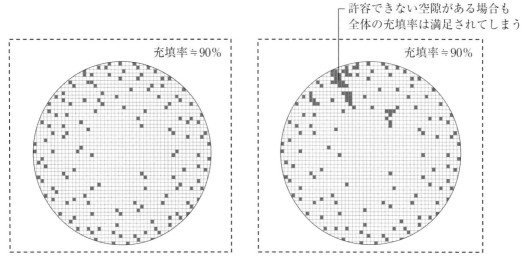

図5.5.5　充填性確認試験結果の比較

　このような状況に対応するため、ベースプレートをいくつかのエリアに区分し、それぞれに必要充填率を設定する方法がある。表5.5.2と写真5.5.4はベースプレートを9つのエリアに分割して、判定基準を設定した例である。

　すべり系アイソレータや直径の大きな積層ゴム系アイソレータなど大型のベースプレートが必要な場合、すべてのエリアで同一の許容最大空隙径を設定することが合理的とは言えない。すなわち、常に上載荷重を受けるベースプレート中央部近傍や固定ボルト近傍にある空隙は構造性能に大きな影響を及ぼすため、許容最大空隙径を慎重に検討すべきであるが、設計で想定した大地震時の可動量を超える領域に、ベースプレート中央付近と同じ許容最大空隙径を適用するのは不合理である。このような場合もベースプレートのエリア分けと各エリアごとの適切な判定基準を検討すべきである。

表 5.5.2　充填性確認試験の管理項目と判定基準の例[*1)]

	管理項目	判定基準[*2)]	備　考
1	全体の充填率	全体 90％以上	5mm 以上の空隙を対象とし、全体の充填率を確保
2	各エリアの充填率	エリア 85％以上	5mm 以上の空隙を対象とし、一部に偏った空隙のないことを確認
3	空隙部の状況	ブリージング水に起因する空隙がないこと 許容最大空隙径を超えるものがないこと	許容最大空隙径は、ベースプレートおよび基礎の応力・変形などを考慮し決定する[*3)]

＊1）ここに示す数値はあくまで参考値であり、すべての免震部材に対して一律に設定されるべき値ではない。免震部材の種類、大きさ、建物の規模、用途、重要度等を考慮して設定しなければならない。

＊2）試験施工では、実施工よりも作業条件がよくなる傾向にあるため、判定基準は設計上許容できる下限値とするのではなく、ある程度の余裕を見込んだ値を設定すべきである。

＊3）許容最大空隙径の設定方法として、免震部材フランジプレート中央部の厚さとベースプレート厚さの合計以下とする方法、ベースプレート厚さの 2 倍を目安とする方法などがある。例えば、免震部材フランジプレート中央部の厚さが 40mm、ベースプレート厚さが 36mm の場合、厚さの合計 76mm を丸めて 75mm と設定する、あるいはベースプレート厚さの 2 倍の 72mm を丸めて 70mm とする、または両者を勘案し、「許容最大空隙の短辺長さは 70mm 以下、かつ許容最大空隙の面積は 50cm^2 以下」のように設定するなど、いくつかの方法が考えられる。

写真 5.5.4　空隙のマーキングとエリア分けの一例

5.6 安全管理

> 施工者は、免震部材の設置、免震層および関連部位の施工にあたって、労働安全衛生法・建築基準法等の関連する諸法規を遵守の上、作業の安全性確保に努める。

（1） 共　通

・新規入場者安全教育を行う。

　安全教育では、免震層およびその周囲で作業中に地震が発生した場合の対処法について、免震工事関係者に関わらず全員に周知徹底する。

・緊急地震速報が発令された際の作業員への通達手順を定める。

・免震工事責任者を選任し、作業を直接指揮させる。

（2） 作業開始前

・当日の作業予定、役割分担、作業に伴う安全注意事項、その他指示事項を作業者全員に周知徹底する。

・使用機器、工具などは取扱責任者が毎日点検し、不良品は取り除き、点検結果を管理責任者に報告する。

・強風、大雨等の悪天候のため、作業の実施に危険が予想される場合は、作業を中止する。

（3） 作業中

・安全通路を確保して作業を行う。

・免震部材を吊込む区域には、関係者以外の立入り禁止措置を行い、吊込む免震部材の下および重機の旋回範囲内には入らない。

・車両の搬出入の際は、誘導を確実に行い、第三者に迷惑をかけないよう努める。

・免震層およびその周囲で作業中に地震が発生した場合や、緊急地震速報が発令された場合は、直ちに作業を中止し、可動躯体やクリアランス部から離れ、各自安全確保に努める。免震層内部などで移動に時間がかかる場合は、直ちに安全と思われる床面に伏せ、上部構造や設備配管等との接触を避ける。

・免震層が地下に設けられている場合は、酸素欠乏防止のため、換気を十分に行う。また、酸素濃度の測定を実施することが好ましい。

（4） 作業終了時

・使用した材料、資材の片付けを行う。

・作業場所の整理・整頓・清掃を行う。

5.7 施工時検査

5.7.1 免震部材の設置精度と検査

> 施工者は、免震部材の設置工事にあたり、免震機能を損なうことのないように
> 管理を行い、施工時検査を実施する。

（1） 据え付け精度

積層ゴムの水平剛性は、鉛直剛性に比べて 1/2,000 〜 1/3,000 と極めて柔らかい。そのため、積層ゴムの水平精度（傾き）は免震建築物の性能に大きな影響を与えることになる。また、位置精度については、RC 造の場合それほど問題にならないが、鉄骨造（S 造、SRC 造）の場合は位置精度が悪いと、積層ゴムにねじれや変形が発生し、免震建築物の性能に影響を与える。

すべり・転がり系アイソレータは極めて小さな水平力で滑動するため、設置時のわずかな傾きでも作動の障害となり、免震建築物の性能に影響する。RC 造の場合においても、水平精度（傾き）の管理は細心の注意をもって行わなければならない。

アイソレータの上部フランジプレートに鉄骨が直に据え付けられる場合、ベースプレートの管理は特に注意が必要であり、水平・位置精度・ねじれの管理値はより厳しい値を設定したい。

施工精度管理基準を表 5.7.1、5.7.2 に示す。

（2） コンクリート打設後の精度

据え付け精度を確保した後、コンクリート打設時の側圧でベースプレートが移動しないように固定する。特にすべり系アイソレータのすべり板を上側（上部躯体）に設置する場合は、コンクリート自重によるたわみで規定された精度を確保できない場合があるので注意が必要である。

打設時には、ベースプレートが移動していないか確認する。通常、十分な固定が行われていることを前提に打設後の精度確認は行わないことが多いが、設計図書等で打設後の精度測定を指示されている場合があるので、管理値等を監理者と事前に協議する必要がある。

（3） その他の検査項目

免震部材の配置においては、鉛ダンパーや鋼材ダンパーのように設置する方向が指定される部材やオイルダンパーのように取付け長さが規定される部材があるので注意が必要である。また、性能検査結果をもとに、免震部材（製品番号を指定）の配置を行うことが設計図書等で指示されている場合があるので、そのような場合は監理者と事前に協議する必要がある。

5.7.2 免震層の検査

> 　施工者は、免震層の工事にあたり、免震機能を損なうことのないように施工管理を行い、検査を実施する。

（1）　免震クリアランス

　免震クリアランスは、設計クリアランス以上とする必要がある。施工時には、施工誤差＋積層ゴムの温度収縮・膨張＋擁壁の変形等を考慮して施工クリアランスを設定する必要がある。竣工時検査で設計クリアランスが確保されていない場合は、不具合として対策（はつり等の作業）が発生する。

（2）　養生

　積層ゴムは、火や打撃により被覆ゴムが損傷することがある。履歴系ダンパーは、打撃による傷（ノッチ）が入るとそこから亀裂が進行し、期待された性能が発揮されないことがある。施工期間中は、指示された養生がなされているかどうか確認する必要があり、躯体工事の終了後も、配管工事等により免震部材を傷つける恐れがあるので、養生材の撤去時期に注意する。

（3）　免震エキスパンションジョイント

　免震 Exp.J の取付け後は、免震 Exp.J 部の免震クリアランスの検査はできない。免震 Exp.J 部の免震クリアランスは、取付け前に検査する。

　製作者が、取付け精度を規定している場合、取付け後の水平精度および位置精度を確認する。また、適切な養生がなされているかどうか確認する。

表 5.7.1　施工精度管理基準

管理項目		管理詳細	管理値	検査確認内容	
				検査箇所	検査方法
積層ゴム系アイソレータ	下部ベースプレート据え付け	水平精度	傾き 1/400	直交する2方向	レベルによる測定
		位置精度	X、Y、Z ± 5mm	中心部1ヵ所	定規による測定
	養生・管理		機械的損傷などを防ぐために養生材でゴム部を覆う。周囲に可燃物を置かないようにする。		
すべり系アイソレータ	すべり板据え付け	水平精度	傾き 1/500	直交する2方向	レベルによる測定
		位置精度	X、Y、Z ± 5mm	中心部1ヵ所	定規による測定
	養生・管理		機械的損傷などを防ぐために養生材でゴム部およびすべり面を覆う。周囲に可燃物を置かないようにする。		
転がり系アイソレータ	下部ベースプレート据え付け	水平精度	傾き 1/500	直交する2方向	レベルによる測定
		位置精度	X、Y、Z ± 5mm	4辺の各中央点	定規による測定
		ねじれ角度	1/200	位置精度測定値から計算	
	養生・管理		機械的損傷などを防ぐために養生材で転がり面を覆う。周囲に可燃物を置かないようにする。作業や重機の不要意な接触を避ける（注意表示、区画等）。雨漏れ、水没防止等の処置をとる。		
履歴系ダンパー	下部ベースプレート据え付け	水平精度	傾き 1/300 反り 1/400 かつ 4mm	直交する2方向および中央	レベルによる測定
		位置精度	X、Y、Z ± 5mm	中心部1ヵ所	定規による測定
	養生・管理		機械的損傷などを防ぐために養生材でダンパー部を覆う。		
流体系ダンパー	両端ブラケット据え付け	位置精度	X、Y、Z ± 10mm	中心部1ヵ所	定規による測定
		取付け長	± 20mm	ダンパー全長	定規による測定
	養生・管理		機械的損傷などを防ぐために養生材で覆う。		
免震クリアランス	擁壁と躯体との隙間	水平精度	設計クリアランス[1]以上	境界すべて	定規による測定
	擁壁と犬走りとの隙間	鉛直精度	設計クリアランス[1]以上	境界すべて	定規による測定
免震Exp.J	取付け精度	水平精度位置精度	製作者の規定値以下	設置場所すべて	定規による測定
	養生・管理		機械的損傷などを防ぐために養生材で覆う。		

[1]　設計図書に示される値、値が示されていない場合、監理者と協議の上決定する

表 5.7.2　施工精度管理基準（アイソレータの上部フランジプレートに鉄骨が直に据え付けられる場合）

管理項目		管理詳細	管理値	検査確認内容	
				検査箇所	検査方法
アイソレータ	下部ベースプレート据え付け	水平精度	傾き 1/500 反り 1/500 かつ 3mm	直交する2方向および中央	レベルによる測定
		位置精度	X、Y、Z ± 3mm	中心部1ヵ所	定規による測定
		ねじれ	ねじれ　1/500	1辺	定規による測定
	養生・管理		機械的損傷などを防ぐために養生材でゴム部を覆う。周囲に可燃物を置かないようにする。		

※ダンパー、免震クリアランス、免震Exp.Jの項目は、表5.7.1にならう。

5.8 免震建築物の竣工時検査

> 施工者は、免震建築物における免震部分および免震機能に関する部分の施工が適切に行われ、免震建築物としての機能を果たせることを確認するために有資格者による「免震建築物の竣工時検査」を実施する。さらに、施工者は竣工時検査の記録（免震部竣工時検査報告書）について、監理者の承諾を受け、建物引渡し時に「監理者」「建物所有者」または「建物管理者」に提出するとともに、必要に応じて保管する。なお、最近の免震建築物は大規模なものが多く、竣工時検査で大きな不具合が見られた場合、是正に莫大な費用と時間がかかるため、施工中の各段階における中間検査を推奨する。

（1）　検査実施者

　竣工時検査は、日本免震構造協会（以下「本協会」と記す）が認定する「免震建物点検技術者」あるいは「免震部建築施工管理技術者」の資格を有する者が実施する。竣工時検査は施工者の責任において実施する検査であるが、公平性を担保するため、前記の資格を有する第三者によって実施されることが好ましい。

　計測方法が検査実施者により異なるため、竣工時検査結果が維持管理時の初期値とならない事例がいくつか報告されている。計測方法について、あらかじめ監理者、建物所有者らと協議しておく必要がある。竣工時検査を実施する時点で、維持管理を担当する者が決定している場合、維持管理者（建物管理者）に竣工時検査を委託する方法も考えられる。

（2）　検　　査

　施工者は、竣工時検査計画書を作成し、監理者の承諾を得た後、竣工時検査を実施する。免震建築物の竣工時検査は、建物の維持管理に必要な初期値を計測する重要な検査であるため、施工者（建築・設備）および監理者立会いのもとに行う。

　設備施工者は免震継手の設置状況を確認するだけでなく、躯体と設備配管のクリアランス、さらに各種設備配管相互のクリアランスを確認しなければならない。

　免震部材および関連部位の竣工時検査で点検・調査すべき項目は、本協会発行の「免震建物の維持管理基準」に詳述されている。また、設計者により建物固有の竣工時検査項目が定められている場合があるので、検査計画策定時に「設計図書」を確認しておく必要がある。

　表5.8.1に本協会が提案している「竣工時検査の位置、点検項目および調査方法」を、竣工時検査状況を写真5.8.1〜5.8.8に示す。

　検査を合理的に実施するための留意点を以下に示す。

・免震部材固定用ボルトは、取付け時の締付け後、建物荷重が増加することにより緩み、増締めが必要になる場合が多い。竣工検査時に、増締めと維持管理用マーキングを計画しておくことを推奨する。

・耐火被覆を施された状態の免震部材は点検することができない。このような場合、竣工時検査のためだけに耐火被覆材を撤去することのないように、耐火被覆工事の前に竣工時検査を実施する（竣工時検査後に耐火被覆工事を実施する）。

・免震部材が柱頭に設置される場合、足場などの仮設設備が必要になるので、それらに関する
　コスト・工期を事前に検討する。

（3）　維持管理用マーキング等の確認

　免震建築物の維持管理では、竣工時検査の結果を初期値として定期的に点検を実施し、免震
建築物の機能維持を確認することとしている。免震部材の変形状態やクリアランスの計測は常
に同じ場所で実施しなければならないので、計測位置を示すマーキングが必要となる。本協会
が発行している「免震建物の維持管理基準」では、このマーキングについてあらかじめ設計図
書に明記し、竣工時検査で確認することとしている。主なマーキングの種類を以下に示す。詳
細は「免震建物の維持管理基準」を参照のこと。

① 　免震部材固定用ボルト締付け後のマーキング（施工者が実施、増締め後）
② 　免震部材の鉛直・水平変位計測用マーキング（点検技術者等が実施）
③ 　免震層・建物外周部のクリアランス測定用マーキング（点検技術者等が実施、金属板
　　を埋込む場合は施工者が実施）
　　竣工時のクリアランス計測値をマーキング近傍のコンクリート面に記録しておく等の
　　工夫をしている免震建築物もある。
④ 　建物位置の計測のための下げ振り用フックと0点をマーキングした金属板の埋込み
　　（施工者が実施）

（4）　是　　正

　竣工時検査で万一、クリアランス不足等の管理値を満足しない箇所が発見された場合は、監
理者と協議の上、適切に処置する。

（5）　検査結果の提出・保管

　免震建築物は、完成後定期的な維持管理が義務付けられている。竣工時検査結果は、以後の
免震建築物維持管理のための重要なデータ（初期値）となるものである。施工者は、検査結果
を監理者、建物所有者または建物管理者に提出するとともに、必要に応じて自ら保管する。

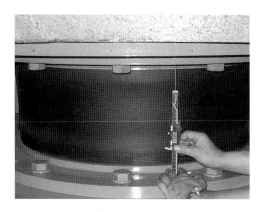

写真 5.8.1 積層ゴムの鉛直変位の計測

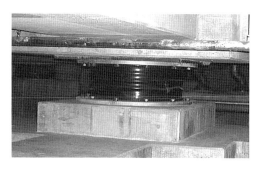

写真 5.8.2 積層ゴムの外観検査

写真 5.8.3 電気配線の余長確認

写真 5.8.4 設備配管の可撓性確認

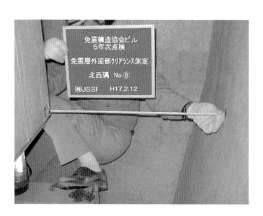

写真 5.8.5 クリアランスの確認

写真 5.8.6 排水状況の確認

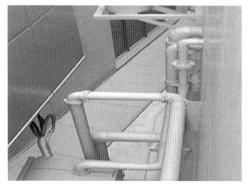

写真 5.8.7
免震建築物側配管と非免震建築物間の
クリアランス確認

写真 5.8.8
免震建築物側フェンスと非免震側ポールとの
クリアランス確認（日常の安全を考慮し、監理者の
承諾のもとクリアランス不足を容認することもある）

表 5.8.1　竣工時検査の点検項目および調査方法（出典：免震建物の維持管理基準 -2018-）

位置	部材	詳細	項目	点検内容詳細	方法*3)	計測精度
2.1 免震部材	2.1.1 支承	(1)積層ゴム系支承 (2)すべり系支承 (3)転がり系支承	外観	汚れ・異物付着の有無	目視	
				傷の有無（長さ・深さ）	目視（計測）	
			鋼材部(取り付け部)	腐食・発錆の有無	目視	
				ボルト・ナットの緩み	目視または打音	
			取り付け部躯体	破損の有無	目視	
			変位 *1)	鉛直変位量	計測または目視	0.1mm
				水平変位量	計測	1mm
			防塵カバー等	有無、破損、欠落等の有無	目視	
	2.1.2 ダンパー	(1)履歴系ダンパー	外観	大きな変形の有無	目視	
				塗装剥れ、亀裂等の有無	目視	
			鋼材部(取り付け部)	腐食・発錆の有無	目視	
				ボルト・ナットの緩み	目視または打音	
			取り付け部躯体	破損の有無	目視	
			主要寸法	各部材の主要寸法*2)	計測	1mm
			変位	水平変位量	計測	1mm
			可動範囲	躯体他との接触	目視（計測）	1mm
		(2)流体系ダンパー	外観	大きな変形の有無	目視	
				損傷の有無	目視	
			鋼材部(取り付け部)	腐食・発錆の有無	目視	
				ボルト・ナットの緩み	目視または打音	
			取り付け部躯体	破損の有無	目視	
			変位	取付け長・可動長さ	計測	1mm
			粘性体・オイル	液漏れ等の有無	目視	
2.2 耐火被覆	2.2.1 免震部材耐火被覆		外観状況	外れ・めくれ・水濡れ等の有無	目視	
				破れ・亀裂・折れ・欠損の有無	目視	
			取り付け状況	留付ボルトの緩み、ガタツキの有無	目視または触診	
			耐火材相互クリアランス	ずれ量、隙間の有無	目視（計測）	1mm
			可動、作動状況	可動範囲内障害物の有無	目視（計測）	1mm
2.3 免震層	2.3.1 建物と擁壁のクリアランス	指定計測位置	水平クリアランス	クリアランス量	計測	1mm
			鉛直クリアランス	クリアランス量	計測	1mm
			水平・鉛直マーキング位置	マーキングの有無・状態	目視	
	2.3.2 免震層内の環境		障害物・可燃物	有無	目視	
			排水状況	漏水・吹込・帯水・結露の状況	目視	
	2.3.3 建物位置	下げ振り	設置位置	位置の確認	目視	
			移動量	原点よりのX,Y方向移動量	計測	1mm
2.4 設備配管および電気配線	2.4.1 設備配管可撓継手	上下水道、ガス、その他配管	設置位置	位置の確認	目視	
			継手固定部、吊り金具・固定金具等の状況	発錆、傷、亀裂、破損等の有無	目視	
				取付けボルト錆、緩み	目視または打音	
				液漏れ	目視	
		配管、ケーブルラック、躯体、外周部等	相互クリアランス	水平、上下のクリアランスの有無（量）	目視（計測）	
	2.4.2 電気配線	電源、通信ケーブル、避雷設備他	設置位置	位置の確認	目視	
			変位追従性	余長の確認	目視	
2.5 建物外周部	2.5.1 建物周辺	躯体、犬走り、周辺設備	クリアランス	クリアランスの有無（量）	目視（計測）	1cm
			障害物	障害物の有無	目視	
		犬走りと擁壁間	水平開口	開口の有無（量）	目視（計測）	1cm
	2.5.2 免震エキスパンションジョイント		免震EXP.Jの位置	位置の確認	目視	
			可動、作動状況	可動範囲内障害物の有無	目視	
				可動部のいびつな変形の有無	目視	
			取付け部の状況	発錆、傷、亀裂、破損等の有無	目視	
2.6 その他	2.6.1 免震建物の表示		設置位置	位置の確認	目視	
	2.6.2 けがき式変位計		設置位置	位置の確認・不具合の有無	目視	
			移動量	原点よりのX,Y方向移動量	計測	1mm
	2.6.3 別置き試験体		設置状況	加圧力	記録	
			鋼材部(取り付け部)	腐食・発錆・ボルト緩み等	目視または打音	
	2.6.4 その他不具合		著しい不具合	記録	目視（計測）	

*1) 鉛直・水平変位の計測は、全ての部材で原則実施する。すべり系支承において問題ないと判断される場合は計測を省略し、目視にて隙間がないかを確認する。
*2) 各部の主要寸法については「免震建物の維持管理基準　3．2節・表3.2.1、表3.2.2」を参照のこと。
*3) (計測)は定期点検、詳細点検において目視により異常が認められた場合に計測を行う。

99

6. 中間階免震の施工

6.1 中間階免震の概要

> 　中間階免震では、免震層が建物の最下層に位置しないため、免震スリットを有する隔壁、上部構造と下部構造にわたる縦動線、免震層の防火区画、免震部材の耐火被覆など、基礎免震の場合にはない留意事項がある。これらの留意事項について「設計図書」に記載されている内容を把握するだけでなく、その意図を十分に理解し、施工計画および施工管理へ反映させる必要がある。

　建物の基礎に免震層を設ける基礎免震に対し、基礎以外の中間階に免震層を設ける方式を中間階免震という。中間階免震では、下部構造については地震力が軽減されないため、求められる構造強度が増大してしまう場合がある。一方、以下のような特長から、中間階免震が有効な場合もある。

・ドライエリアが不要になるため、敷地を有効活用できる。

・掘削深度を抑えられるため、建設場所の土質分布や地下水位によっては施工性が大きく向上する。

・掘削土量を低減できるため、コスト低減を図ることができる。

・豪雨や津波などによる免震層の浸水被害を回避できる。

　中間階免震は免震層の設置位置から図 6.1.1 のように分類される。また、図 6.1.2 に示すように免震層は、居室や駐車場などの用途として使用する場合と、専用設置してメンテナンスのみの空間とする場合がある。メンテナンスのみの空間であれば容積率の対象となる床面積には算入されない。

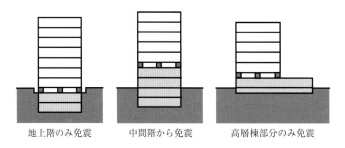

地上階のみ免震　　　中間階から免震　　　高層棟部分のみ免震

図 6.1.1　中間階免震の位置

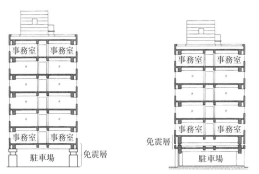

免震層を居室や駐車場などの用途として　　　免震層を専用設置した例
使用した例

図 6.1.2　免震層のタイプ

100

6.2　中間階免震層の施工上の留意点

中間階免震は免震部材を柱頭など、基礎免震に比べ高所に配置する場合が多い。そのため、免震部材の設置レベルおよび位置精度を確保するには、適切な躯体打継ぎレベルとなるよう検討する必要がある。また、基礎免震よりも地震時の変位に対処すべき検討項目が多い。それらの検討項目を、以下に列挙する。

（1）免震部材下部躯体の打継ぎレベル
（2）免震層における内壁の地震時変位対応
（3）免震層における外壁の地震時変位対応
（4）上部構造と下部構造にわたる階段の地震時変位対応
（5）上部構造と下部構造にわたるエレベータの地震時変位対応
（6）上部構造と下部構造にわたる煙突の地震時変位対応

（1）　免震部材下部躯体の打継ぎレベル

中間階免震は免震層を有効活用する上で、免震部材を柱頭など基礎免震に比べ高所に配置することが多い。その場合、免震部材の設置レベルおよび位置精度を確保するため、下部ベースプレートのアンカーボルト下を躯体打継ぎレベルとするのがよい。その後、墨出し、下部ベースプレートの設置・仮固定を行い、下部ベースプレート取合部躯体を構築する。

柱躯体の打継ぎ位置例について図 6.2.1 に、施工実施例を写真 6.2.1 に示す。

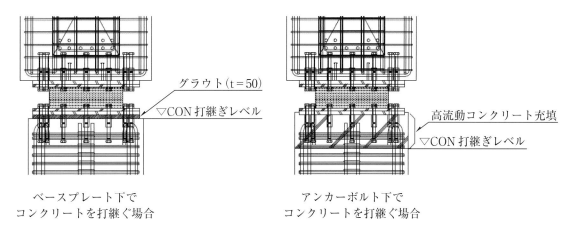

ベースプレート下で
コンクリートを打継ぐ場合

アンカーボルト下で
コンクリートを打継ぐ場合

図 6.2.1　柱躯体の打継ぎ位置例

柱下先行部躯体施工　　下部ベースプレートセット　下部ベースプレート取合部　上部ベースプレートセット
　　　　　　　　　　　　　　　　　　　　　　　　　　躯体構築
　　　　　　　　　　　　　　　　　　　　　　　　アイソレータ設置

写真 6.2.1　施工実施例

(2)　免震層における内壁の地震時変位対応

　免震層の内壁において、免震スリットの下部は自立壁（図 6.2.2 参照）となるため、衝突、地震などの水平力に対して十分な強度が確保されていることを確認する。

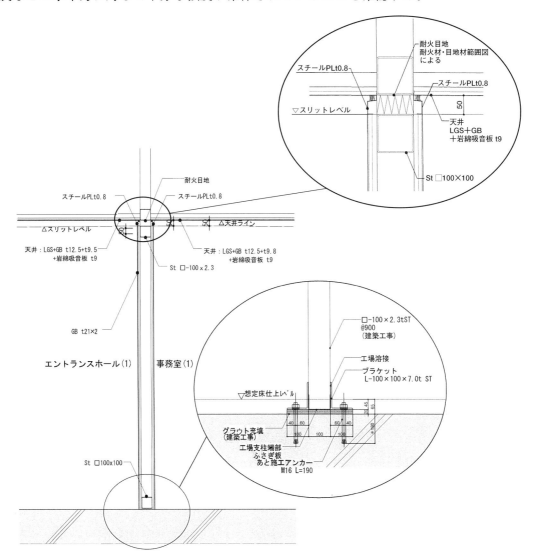

図 6.2.2　免震層における内壁の納まり例

102

(3) 免震層における外壁の地震時変位対応

- 免震層の外壁部水平スリットは、雨仕舞いと耐火処置に問題がないことを確認する（写真 6.2.2、図 6.2.3 参照）。
- 免震層の躯体スリットが平滑でないと耐火材による防火区画処理の際、隙間が生じやすくなるため、平滑な躯体の施工を心掛ける。
- 耐火目地材の変位追従性を確認する（図 6.2.4 参照）。地震等によって免震層上下躯体間に大きな相対変位が生じても目地材が損傷せず、地震後に建物が元の位置に戻った際に目地材も元の状態に戻り防火区画が自然復元されることを確認する。
- 免震層の水平スリットにレベル段差がある場合、免震 Exp.J パネルなどにより適切な免震クリアランスや耐火処置、防犯処置が施されていることを確認する（写真 6.2.3、図 6.2.5 参照）。

写真 6.2.2　外壁部水平スリット

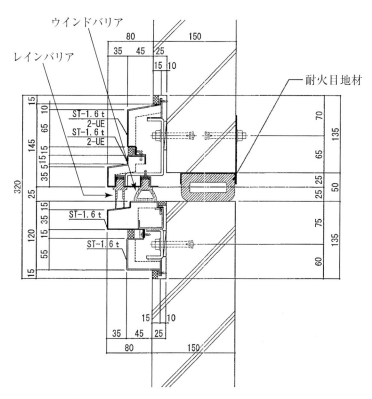

図 6.2.3　外壁部水平スリット納まり例

103

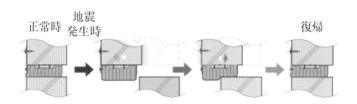

図 6.2.4　耐火目地材の変位追従モデル例

写真 6.2.3　水平スリットにレベル段差がある場合の対応例
（注）白でふちどりした部位は免震クリアランスを確保し、免震 Exp.J パネルで対応している

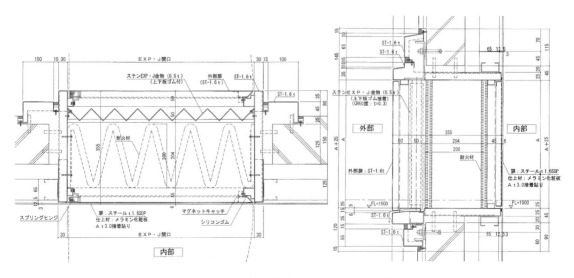

図 6.2.5　外壁部免震 Exp.J パネル例

（4） 上部構造と下部構造にわたる階段の地震時変位対応

・上部構造と下部構造にわたる階段については、免震層で構造的に切り離すタイプ（図6.2.6 参照）や免震層以下の部分を吊るタイプ（図6.2.7 参照）などがある。

・免震クリアランスの確認に加え、地震時変位が発生しても有効幅員が確保できていること、はさまれなどに対する安全措置が施されていることを確認する。

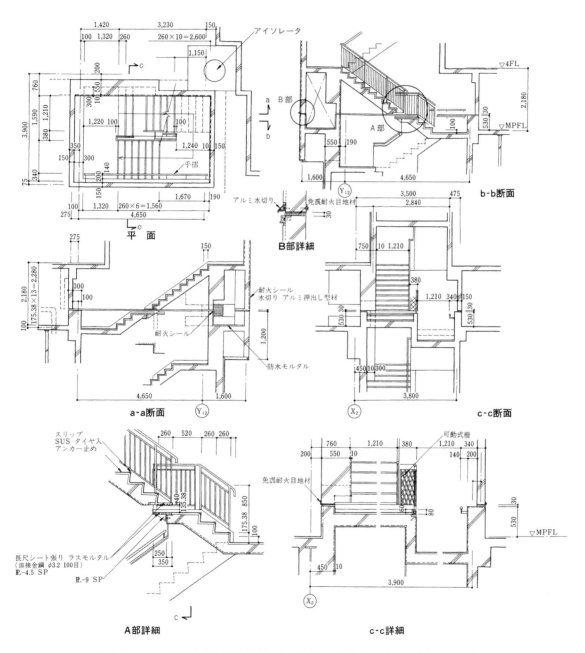

図 6.2.6　中間階免震の階段例（免震層で構造的に切り離すタイプ）[1)]

105

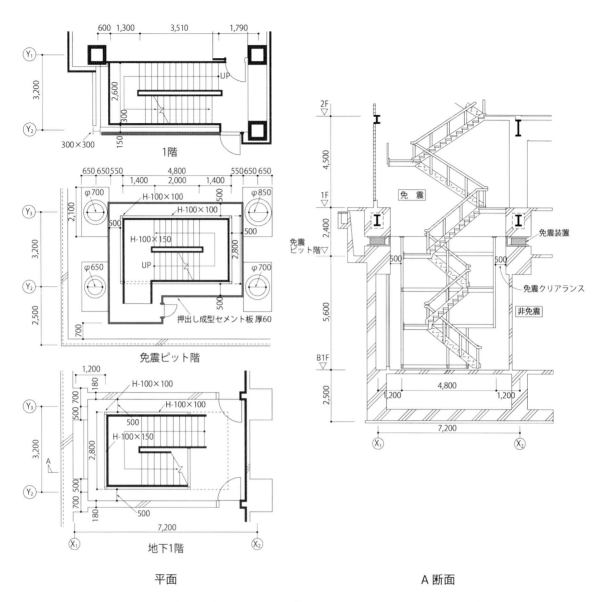

図 6.2.7　中間階免震の階段例（免震層以下の部分を吊るタイプ）[2]

106

（5） 上部構造と下部構造にわたるエレベータの地震時変位対応

・上部構造と下部構造にわたるエレベータについては、免震層から下のシャフトを吊るタイプ（図6.2.8参照）や変位分散枠により変形追従するタイプ（図6.2.9参照）などがある。

・免震層から下のシャフトを吊るタイプでは、シャフトと躯体の間に所定のクリアランスが確保されていること、各階で層間区画が形成されていることを確認する。シャフト下部をすべり機構とする場合、すべり系アイソレータの点検・交換方法の検討に加えて、水没や発錆のリスクを十分に考慮して排水・換気方法の検討を行う必要がある。

・変位分散枠により変形追従するタイプでは、大変形時においてシャフト（変位分散枠）と躯体との間に所定のクリアランスが確保されていることを確認する。

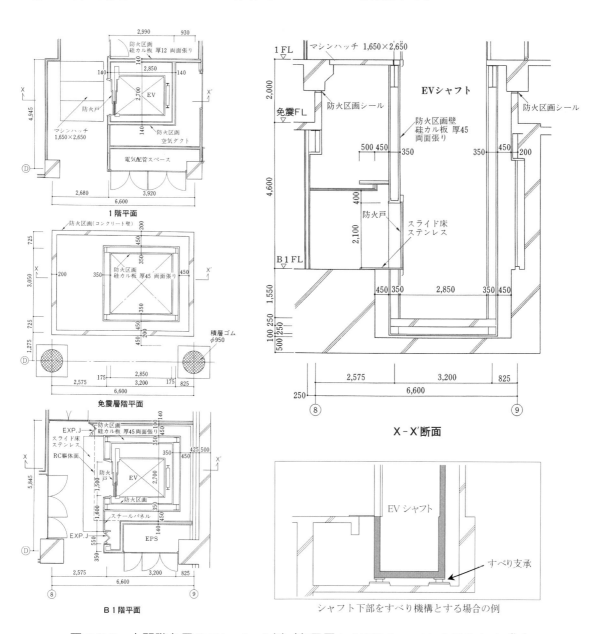

図 6.2.8　中間階免震のエレベータ例（免震層から下のシャフトを吊るタイプ）[1]

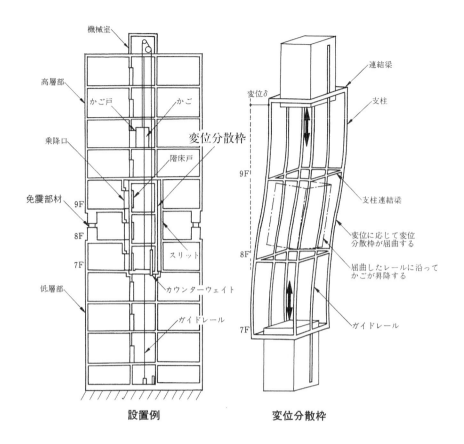

機械室

高層部

かご戸　　　かご

乗降口

変位分散枠

階床戸

免震部材　9F

8F

7F

スリット

低層部

カウンターウェイト

ガイドレール

設置例

連結梁

変位δ

支柱

9F

支柱連結梁

変位に応じて変位
分散枠が屈曲する

8F

屈曲したレールに沿って
かごが昇降する

7F

ガイドレール

変位分散枠

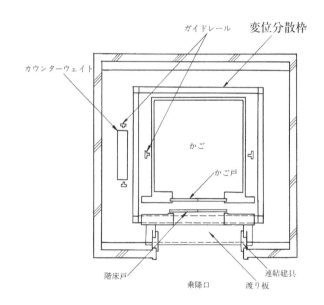

ガイドレール　　変位分散枠

カウンターウェイト

かご

かご戸

階床戸

連結建具

乗降口　　渡り板

シャフト内部の納まり図

図6.2.9　中間階免震のエレベータ例（変位分散枠により変形追従するタイプ）[1]

108

（6）　上部構造と下部構造にわたる煙突の地震時変位対応

・上部構造と下部構造にわたる煙突については、耐火クロスなどを使用した免震ジャバラを使用するタイプ（図6.2.10参照）などがある。

・免震ジャバラ取付け部分が、地震時の変位に応じた適切な構造であること、適切な長さであることを確認する。

・排ガス温度に対して、免震ジャバラの素材が適切であることを確認する。

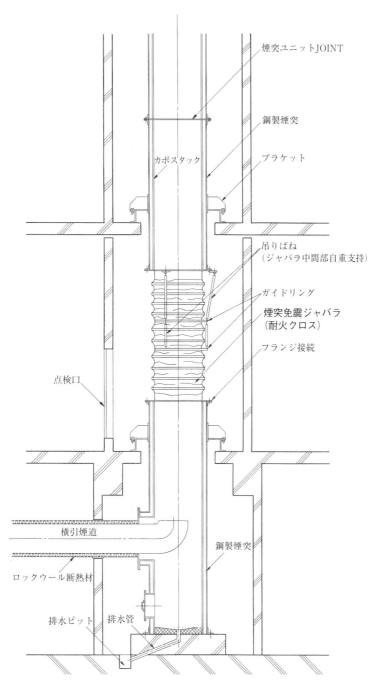

図6.2.10　中間階免震の煙突例（免震ジャバラを使用するタイプ）[1]

6.3　中間階免震層における防耐火措置

> 火災の危険性がある中間階に免震層がある場合、防火区画の処理方法や免震部材の耐火被覆といった防耐火措置について確認が必要となる。

（1）　免震層の防火区画における施工上の留意点

・免震層の外壁スリット部は雨仕舞いと耐火性能を十分に検討し対応する。

・免震層のスリットのレベルを摺動面で統一しないと段差部の納まりが複雑になるので注意する。

・免震層の躯体スリットが平滑でないと耐火材による防火区画処理の際、隙間が生じやすくなるので平滑性を心掛ける。

・免震層のスリット部は、十分な高さ（50mm程度）を確保する。

・防火区画材（スリット部、免震エキスパンションジョイント部とも）には、告示による仕様提示や大臣認定といった制度が定められていないため、設計図書に示された仕様を十分に確認する。

（2）　免震部材の耐火被覆における施工上の留意点

・アイソレータ周りに耐火被覆材を取り付ける場合は、事前に納まり図を作成し、アイソレータの変位とクリアランス寸法、設備配管等との位置関係、取付け方法について検討を行う。

・耐火被覆の仕様によっては躯体精度が要求される場合や、取付け下地金物の固定用に、あらかじめベースプレートにタップ孔を空けておくことが必要な場合もある。

・認定図書に従い施工できているか確認する。

・竣工後の維持管理において、免震部材の点検が容易にできるか確認する。

・柱が外部に露出する場合には、雨仕舞いを十分に検討し対応する。

・地震時に、周辺壁、設備部材に耐火被覆が干渉しないか確認する（図6.3.1参照）。

・竣工時検査を考慮し、工程を組む。

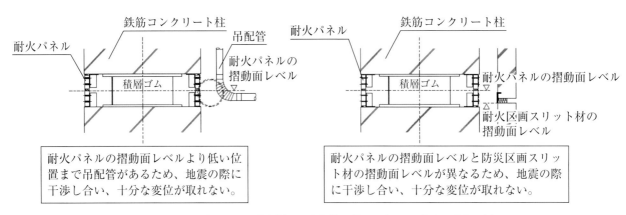

図6.3.1　地震時に耐火被覆が設備配管や壁と干渉する悪い例

表 6.3.1　施工上のチェック表

	チェック項目	処置・対応（例）
免震層の防火区画	区画部のスリットは、十分な高さ（50mm 程度）にて施工できているか？	躯体の補正
	区画部の躯体スリットは、平滑な仕上がりになっているか？	モルタル等による補修
	スリットのレベルに、段差はないか？	免震エキスパンションジョイントの設置 スリットレベル変更検討
	免震エキスパンションジョイントが設けられている場合、区画の目地材と免震エキスパンションジョイントが干渉しないか？	目地材の取付け位置（向き）変更
	雨掛かり部へ使用の際、その対策が施されているか？	水切り等の設置
免震部材の耐火被覆	耐火被覆の取付け方法、積層ゴムからの離隔寸法などについて、認定条件を満足した納まりとすることができるか？	躯体形状の変更 耐火被覆材の仕様変更
	地震時に耐火被覆とアイソレータのクリアランスを確保できるか？	躯体の増打ち 許容変形量の見直し 耐火被覆材の仕様変更
	地震時に耐火被覆が周辺設備部材と干渉しないか？	設備部材の位置変更 耐火被覆材の仕様変更
	地震時に耐火被覆が壁材と干渉しないか？	壁材への免震エキスパンションジョイント設置 耐火被覆材の仕様変更
	免震部材の点検ができる納まりとなっているか？	点検対象部材の変更 耐火被覆材の仕様変更
	雨掛かり部へ使用の際、その対策が施されているか？	水切り等の設置

（3） 耐火被覆の施工事例

（ⅰ） パネル分割式

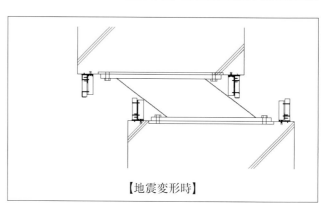

【特徴】

①変位対応：残留変位に対し、隙間が
　生じる、あるいは耐火被覆下地材が
　免震部材と干渉する恐れがある。

②免震部材の点検：留付材を外して、
　取外し・取付けを行う。

③壁取合部：スリットレベルを合わせ
　れば、変位時に壁と干渉しない。

（ⅱ） パネル開閉式

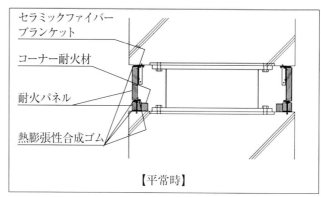

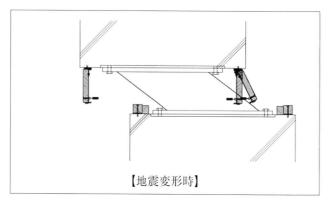

【特徴】

①変位対応：残留変位に対し、隙間が
　生じる恐れがある。

②免震部材の点検：開閉機構により、
　取り外さずに点検ができる。

③壁取合部：壁が近接する場合は、変
　位時に干渉する恐れがある。

112

（ⅲ） 多段式

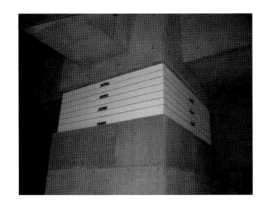

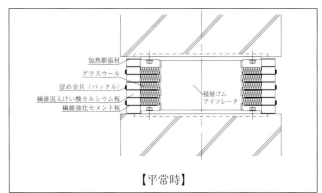

【平常時】

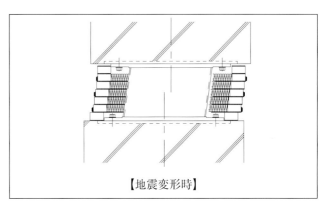

【地震変形時】

【特徴】

①変位対応：残留変位に対し、隙間が生じにくい。

②免震部材の点検：留め金具（バックル）の開閉により、取外し・取付けを行う。

③壁取合部：壁が近接する場合は、変位時に干渉する恐れがある。

【参考文献】

1) 改訂新版　免震建築の設計とディテール（1999年）、編者：（一社）日本免震構造協会、発行所：（株）彰国社

2) 震災の国への処方箋　免震建築の設計とディテールまで（2020年）、（一社）日本免震構造協会

7. 免震継手および免震エキスパンションジョイントの施工

7.1 免震継手の施工

施工者は、施工計画書に記載した施工手順に従って、免震継手および関連する部位の施工を行う。

7.1.1 製　品

（1）荷受け日

施工者は搬入数量および日時を製作者と協議の上決定する。

（2）荷受け・荷下ろし

荷受けには施工者が立会い、製品名・製品規格・製品の数量等や損傷の有無を確認する。荷下ろしにおいては製品に損傷を与えないように注意しながら行う。

（3）保　管

保管場所については下記の点を考慮して選定する。
・製品の変質、損傷を与える恐れのない場所であること。
・他の作業や通行の支障とならない場所であること。

7.1.2 施　工

免震継手の施工にあたっては所定の性能が発揮できるよう可動範囲を確保の上、建物側および基礎側の配管を固定支持材によりそれぞれ固定した後、所定の配管継手であることを確認して、配管継手のフランジを適切な方法で接合する。ボルトは配管継手に適合したものを用いる。

免震継手を取り付ける際には、規定寸法にて芯ずれがないように施工を行う。免震継手の中には取付け時に変形させて取り付ける継手（図7.1.1）もあるため、取付け寸法の詳細を仕様書にて確認する。

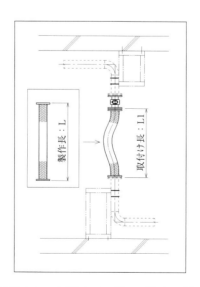

図 7.1.1　変形させて取り付ける継手

　また、将来の設備機器の増設や交換を考慮し、設計可動量と製作者の連絡先を表示しておくことが望ましい。

7.1.3　接続時の注意点

> 施工者は、接続部で漏水等を起こさないように施工を行う。

　接続時は、下記に示す事項に注意して施工を行う。

① 　免震継手のパッキンが接触する相手側のフランジの形状が平滑であることを確認すること。フランジ面にバリや突起部があるとパッキンを損傷させる恐れがある。
② 　取付けボルトは免震継手側から差込み、ナットは相手側で締付けること。
③ 　取付けボルトの締付けは、4ヶ所を対角に締付けた後、全周のボルトを締付けトルクをそろえながら時計回りに締付ける。締付けの基準値は継手材質により異なるため、メーカーの取扱説明書を確認すること。

7.2 免震エキスパンションジョイントの施工

> 　施工者は、施工計画書に記載した施工手順に従い、免震エキスパンションジョイントおよび関連する部位の施工を行う。施工後は、施工報告書、取扱説明書を作成し、監理者に提出する。

　免震 Exp.J の施工は、躯体工事完了後、仕上げ工事として行われるため、施工検討が後回しにされることが多い。設計図書に入隅・出隅等の特異な部位のディテールも示されていればよいが、一般部のみの場合がある。躯体施工時に検討がなされていないと、免震 Exp.J が納まらず、躯体のはつり等が必要となる場合があるため、できるだけ早い段階で施工検討を行うことが望ましい。

　施工者は、天井の免震 Exp.J の可動範囲に、設備配管・ダクト・防災設備などを設置しない。また、点検を行うための天井点検口を設置する。

7.2.1　製　　品
（1）　荷受け日
　施工者は搬入数量および日時を製作者と協議の上決定する。

（2）　荷受け・荷下ろし
　荷受けには施工者が立会い、製品（梱包）の数量、荷崩れ等による製品の損傷の有無を確認する。荷下ろしは、作業員間の合図を徹底し、積み降ろし時に製品に損傷を与えることがないように十分注意して行う。

（3）　保　　管
　保管場所については下記の点を考慮して選定する。
・製品を変質させたり、損傷を与える恐れのない場所であること。
・他の作業や、通行の支障とならない場所であること。
　免震 Exp.J は、所定の性能を保持するために工場出荷時に治具等を用いて傷、ゆがみ等を与えないように養生されているので現場保管時の取扱いに注意する。

7.2.2　施　　工
　免震 Exp.J の施工にあたっては要求性能が発揮できるよう可動範囲を確認後、所定の免震 Exp.J であることを確認し、適切な方法を用いて建物側および基礎側の固定部にそれぞれ確実に据え付ける。
　固定部の寸法および形状については、免震 Exp.J の性能に影響するため、製作者と事前に十分な打ち合わせを行う。また、ストッパーや取付け下地の強度や剛性が不足し、損傷する事例があるため、免震 Exp.J の製作者から、ストッパーや取付け下地に作用する荷重を提示させ、十分な強度と剛性を持たせるように計画する。

7.2.3　施工報告書、取扱説明書

　施工者は、施工後に施工報告書を作成し、監理者に提出する。

　施工者は、免震 Exp.J の設置位置、機能・性能の説明、維持管理の説明、構造評価記載の関連事項等を反映させて、製作者と打ち合わせを行いながら建築主向けの取扱説明書を作成し、監理者に提出する。取扱説明書には、免震 Exp.J の可動範囲が示されている資料などの維持管理上で必要と思われる項目を含める。

7.2.4 地震による不具合事例

> 定期点検や応急点検で免震エキスパンションジョイントに段差が生じる等の不具合が多数報告されている。不具合が発生しないように、製作管理、施工を行う必要がある。

床の不具合事例（出典：JSSI 免震エキスパンションジョイントガイドライン）

事例1	事例2
損傷の状態 先端可倒板損傷 外部免震 Exp.J ・先端金物が可動時に下がった時に、底部分に引掛かった。	損傷の状態 隙間が残った ・Y 方向ストッパーが変形し、残留変形および隙間が生じた。
損傷の原因と問題点 ・十分な可動試験がされていなかった。 ・先端の形状が不適切だった。	損傷の原因と問題点 ・Y 方向ストッパーの強度不足およびレールがスムーズに動かなかった。
再発防止策 ・動的な可動試験を行い、機能することを確認する。	再発防止策 ・動的な可動試験を行い、機能することを確認する。 ・ストッパーを補強する。 ・レールの可動性を向上させる。 ・動的な可動試験を行い、機能することを確認する。
事例3	事例4
損傷の状態 ・地球側の仕上げ材が剥離した。	損傷の状態 免震部　障害物　非免震部 ・可動範囲に間柱があり本体パネルが衝突し破損した。
損傷の原因と問題点 ・免震 Exp.J ハネ上がり部の角度（約45°）が急すぎて想定どおりにはね上がらず、地球側の仕上げ材に衝突する形になった。	損傷の原因と問題点 ・間柱が可動範囲にあと施工された。
再発防止策 ・ストッパーを補強する。 ・レールの可動性を向上させる。 ・動的な可動試験を行い、機能することを確認する。	再発防止策 ・可動領域に障害物を設置しないことを施主に周知徹底する。

壁の不具合事例（出典：JSSI 免震エキスパンションジョイントガイドライン）

事例5	事例6
損傷の状態	損傷の状態
 ヒンジ ここに衝突した後ヒンジ部が回転する機構だが、回転する前に破損 ヒンジ部 壁免震 Exp.J ローラー部 正常な動作 パネル損傷 ・壁本体パネルが損傷した。	・壁本体パネルが損傷した。 ・下地の ALC 版が破損した。
損傷の原因と問題点 ・壁免震 Exp.J パネルは直交壁に沿って移動するように壁の先端にローラーがあり、取付け部のヒンジが回転する機構であったが、衝撃的な変形に対してヒンジ部が回転せずにパネルや下地が損傷した。	損傷の原因と問題点 ・ALC 版や乾式壁のスタッドにレールをボルト固定していたため、下地材の強度が不足していた。 ・レールがスムーズに機能せずに下地材を破損したのか、下地材が破損したことによりレールがスムーズに可動しなかったのかは不明。
再発防止策 ・先端ローラー部ディテールの見直し。 ・衝撃的な変形に対する追従性を振動台実験により確認する。	再発防止策 ・下地材の設計方法の確立による剛性・強度の確認。
事例7	事例8
損傷の状態	損傷の状態
パネル面までシールを打ってしまったので回転機構を阻害した。 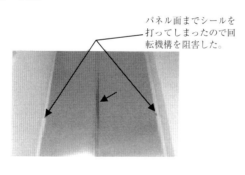 ・壁免震 Exp.J 金物パネル同士の接触による金物の変形	 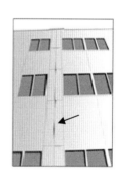 ・壁本体パネルの上部が接触して曲がった。
損傷の原因と問題点 ・壁免震 Exp.J 可動時に、接触部の衝突による衝撃で金物自体が損傷した。 ・シールをパネル表面まで打ってしまったのでヒンジ部が作動しなかった。	損傷の原因と問題点 ・建物の層間変形により、左右のパネルに回転角が生じたため、階の上部でパネルが衝突したと推察される。 ・免震建築物と耐震建築物間に設けられている壁のため、耐震側からの大きな加速度によりパネル自体が変形・衝突して破損した可能性もある。
再発防止策 ・シールをパネル表面まで施工しないように図面で示す。	再発防止策 ・層間変形による傾きを考慮した機構の見直し。 ・衝撃的な変形に対しては振動台実験等による確認。

天井の不具合事例（出典：JSSI 免震エキスパンションジョイントガイドライン）

事例 9	事例 10
損傷の状態 ・天井下地が変形し、残留変形が残った。	損傷の状態 ・耐震側の天井パネルに接触して仕上げが損傷した。
損傷の原因と問題点 ・レールがスムーズに機能せず、レール下地に大きな力がかかり曲がった。	損傷の原因と問題点 ・クリアランスがなかったため、接触して破損した。
再発防止策 ・レールの可動性を向上させる。 ・動的な可動試験を行い、機能することを確認する。	再発防止策 ・免震 Exp.J 部と耐震側には 20mm 程度の隙間を設け、可動に支障のないようにする。
事例 11	事例 12
損傷の状態 ・耐震側の壁金物が天井パネルと衝突して破損した。	損傷の状態 ・天井内設備ダクトと干渉し、ダクトが変形した。
損傷の原因と問題点 ・壁金物が可動範囲に設けられていた。	損傷の原因と問題点 ・後工事業者の免震 Exp.J に対する認識不足、周知連絡不足。
再発防止策 ・可動部には免震パネルの障害となるものを設置しない。 ・スライド面は必ずフラットに仕上げる。	再発防止策 ・他業者との情報交換を徹底する（共通の施工図に注意事項を明記するなど）。 ・免震 Exp.J の可動範囲を明示する。

8. 付　録

8.1　免震部材の製品・性能検査

（1）　製作・検査要領書

施工者は製作者が作成した製作・検査要領書を確認した上で監理者に提出する。

施工者は製作・検査要領書が設計図書の内容と同様であることを確認し、製作上・施工上必要であれば内容を監理者と協議・調整を行う。

（2）　材料検査

施工者は免震部材に使用されている材料が部材認定書および製作・検査要領書どおりであることを確認する。一般的には使用材料の物性試験成績書、ミルシートなどの書類による検査となるが別途材料試験を実施する場合もある。

（3）　外観検査

施工者は設計図書および製作・検査要領書どおりの防錆処理が行われていること、外観に有害な傷や変形、塗装の剥がれ、メッキの浮きがないことを目視および指触確認する。

（4）　寸法検査

施工者は製作・検査要領書どおりの寸法検査が行われていることの確認を行う。免震部材の形式により寸法検査内容は異なるが、主に設計図書に示されている製品高さ、上下フランジプレートの傾き、水平方向のずれ、板厚、取付けボルト孔位置が許容値以下であることを確認する。

（5）　性能検査

施工者は製作・検査要領書に従って性能試験が行われているかの確認を行う。主な検査項目は、アイソレータでは水平剛性、鉛直剛性、減衰性能を有するアイソレータでは切片荷重もしくは等価減衰定数、摩擦係数（すべり・転がり系アイソレータ）である。ダンパーについては製作者の製作実績など書類による確認となる場合もあるが、オイルダンパーのように実機による性能試験が容易なものは減衰力などの性能試験を行う。なお、判定基準は設計図書および部材認定書を盛り込んで承諾を得た製作・検査要領書に示されている許容範囲内の製品を合格とする。

性能試験は全数行うことが原則であるが、立会検査は抜取りで数台の試験を行い、他の製品は製作者の自主検査結果報告書の確認により合否判定を行う。なお、温度、加力速度などの試験条件により測定結果の補正を行う場合は、温度管理が適切であるか、計測機器校正証明書が有効期限内であるかなど補正方法が製作・検査要領書のとおりに行われているか確認する必要がある。

（一般社団法人日本免震構造協会編　免震構造　部材の基本から設計・施工まで　引用）

　　積層ゴム系アイソレータは同じ径でもゴム剛性やゴムの積層数・プラグのサイズにより性能が異なる。弾性すべりアイソレータはゴム剛性やゴムの積層数が異なるものや高摩擦すべりアイソレータや低摩擦すべりアイソレータなどでは摩擦係数の異なるものがある。施工者は製作・検査要領書に記載された免震部材の性能が設計仕様を満足しているか、使用材料が設計仕様と整合しているか、製作精度が設計で要求されている仕様と整合しているか、さらに免震部材の取付けを考慮し製作されているかを確認する。

　　例として次頁より各社の性能検査方法を示す。

8.2　積層ゴムアイソレータの品質管理・性能検査（例）

表 8.2.1　積層ゴムアイソレータの品質管理（例）

検　査　項　目			検　査　方　法	検査頻度	判　定　基　準	処置	管理区分	
							製作者	施工者
材料検査	ゴム材料の物性検査	硬さ	JIS規格	1物件に1回以上(ロットごとに1回)	仕様に相違がないこと	材料の再製作	☐	☐
		引張応力						
		引張強さ						
		伸び						
	使用鋼材等のミルシート		書類検査	全　数	仕様に相違がないこと	材料の再製作	☐	☐
	鉛や錫材料のミルシート		書類検査	インゴットごと	仕様に相違がないこと	材料の再製作	☐	☐
外観検査	完成品の外観検査	本体ゴム表面	目視	全　数	水平ばね定数検査時せん断変形で進行しない傷の有無	補　修	○	◎
					水平ばね定数検査時せん断変形で進行する傷の有無	再製作		
		フランジ			有害な傷等がないこと	補　修		
		鋼材部の防錆			浮き、剥がれ等有害な欠陥がないこと	補　修		
寸法検査	製品高さ		直交する4ヶ所をノギスで測定し、4点の平均値を算出(温度補正を行う)	全　数	設計値±1.5%かつ±6mm	補修または再製作	○	◎
	フランジの傾き		直交する2方向の製品高さの差を算出		フランジの外径の0.5%かつ5mm以内			
	ゴム部外径		社内検査:製作金型のゴム部直径相当部1ヶ所をノギスで測定　抜取り検査:製品のゴム部直径相当部1ヶ所をパイ尺およびノギスで測定		設計値±0.5%かつ±4mm			
	フランジの外径		ノギスやコンベックスにて測定する		設計値±3mm			
	フランジのずれ		直交する2ヶ所を直角定規とノギスで測定		5mm以内			
	取付けボルト孔ピッチ		直交する2方向をノギスやコンベックスで測定		1500mm未満:設計値±1.2mm　1500mm以上:設計値±1.5mm			
	取付けボルト孔径		塗装前に径ごと1ヶ所を測定テンプレートにて確認	計測径ごと1ヶ所テンプレート照合全数	設計値±0.5mm　仕様に相違がないこと			
防錆	塗装膜厚検査(電磁膜厚計などによる)		【塗装の場合】膜厚計による測定　【溶融亜鉛めっきの場合】付着量試験・密着性試験(JIS規格)製作者取得の認定による	同一製品中50%以上	仕様に相違がないこと	補　修	○	◎
性能検査*1)	鉛直特性確認試験	鉛直剛性　Kv	製作者取得の認定による	全　数	設計値±20%(設計値±30%*2))	再製作	○	◎
	水平特性確認試験 RB LRB SnRB HDR	水平剛性　Kh (RB)			設計値±20%			
		降伏後剛性 Kd (LRB SnRB)			設計値±20%			
		降伏荷重　Qd (LRB SnRB)			設計値±20%			
		等価剛性　Keq (HDR)			設計値±20%			
		等価減衰定数 Heq (HDR)						

凡例　◎：施工者立会検査（一般には抜取り検査で実施、抜取り数は監理者と協議）
　　　○：製作者自主検査
　　　☐：書類による審査
　　RB：天然ゴム系積層ゴム
　　LRB：鉛プラグ入り積層ゴム
　　SnRB：錫プラグ入り積層ゴム
　　HDR：高減衰ゴム系積層ゴム
＊1)　性能検査での判定基準の20%は最大値を示し、設計図書によるかまたは監理者と協議の上適切な値を設定する。
＊2)　HDRの鉛直剛性の判定基準は、設計値±30%の場合がある。
※　判定基準については、本表のほか、製作者が取得した国土交通省の免震部材認定に基づき、協議の上適切な値を設定する。

表 8.2.2　積層ゴムアイソレータの寸法検査方法（例）

寸 法 検 査 項 目	測定方法
（例1　寸法検査箇所の図） Df, P, ①②③④, δ1, δ2, H, 社章位置 例1　寸法検査箇所 （例2　寸法検査箇所の図） Df, δ2, P, Dr, δ1, H 例2　寸法検査箇所	製品高さ　H ・ノギスで直交する4点を測定し、平均値を温度補正する フランジの傾き　δ1 ・直交する2方向の製品高さの差の大きい方とする フランジの外形　Df ・ノギスまたはコンベックスで測定 ゴム部外径　Dr ・金型の内径（内形）を測定 フランジのずれ　δ2 ・直角定規と隙間ゲージ（ノギス）で直交する2ヶ所を測定 取付けボルト孔ピッチ（位置）　P ・ノギスまたはコンベックスで測定 ・テンプレートで確認 取付けボルト孔径 ・ノギスで測定

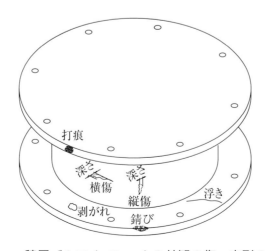

図 8.2.1　積層ゴムアイソレータの外観の傷、変形のイメージ

124

（1）　天然ゴム系積層ゴムアイソレータの性能検査の例（昭和電線ケーブルシステム（株））

　天然ゴム系積層ゴムアイソレータの性能検査は、表8.2.3に示す項目、測定方法で行われ、部材認定の判定基準が満たされていることを確認する。検査対象は全数とする。

表8.2.3　天然ゴム系積層ゴムアイソレータの性能検査項目

検査項目	測　定　方　法
鉛直ばね定数	基準面圧相当の鉛直荷重を載荷し、荷重振幅±30％を3サイクル加力した時の3回目の履歴特性の最大変位値と最大荷重値の交点とその各最小値の交点を結んだ直線の傾きを算出する（図8.2.2参照）。
水平ばね定数	基準面圧相当の鉛直荷重を載荷し、せん断ひずみ$\gamma = \pm 100\%$の加力を3サイクル行い、3回目の履歴特性の最大変位値と最大荷重値の交点とその各最小値の交点を結んだ直線の傾きを算出する（図8.2.3参照）。

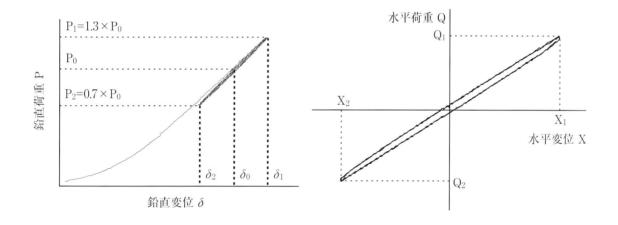

鉛直ばね定数：$\dfrac{P_1 - P_2}{\delta_1 - \delta_2}$

水平ばね定数：$\dfrac{Q_1 - Q_2}{X_1 - X_2}$

図8.2.2　鉛直ばね定数算出方法　　　図8.2.3　水平ばね定数算出方法

（2）　鉛プラグ入り積層ゴムアイソレータの性能検査の例（オイレス工業（株））

　　鉛プラグ入り積層ゴムアイソレータの性能検査は、表8.2.4に示す項目、測定方法で行われ、部材認定の判定基準が満たされていることを確認する。検査対象は、鉛直剛性、二次剛性、切片荷重とし全数検査する。

表8.2.4　鉛プラグ入り積層ゴムアイソレータの性能検査項目

検査項目	測　定　方　法
鉛直剛性 （Kv）	基準面圧相当の鉛直荷重を載荷し、荷重振幅±30％を4サイクル加力した時の3回目の履歴特性の最大変位値と最大荷重値の交点とその各最小値の交点を結んだ直線の傾きを算出する（図8.2.4参照）。
二次剛性 （Kd）	基準面圧相当の鉛直荷重を載荷し、せん断ひずみ$\gamma=\pm100\%$の加力を4サイクル行い、3回目の履歴特性の$-\delta_2/2\sim+\delta_1/2$間の履歴曲線を回帰した直線の傾きの上下平均値を求める。δは水平変形量（図8.2.5参照）。
切片荷重 （Qd）	基準面圧相当の鉛直荷重を載荷し、せん断ひずみ$\gamma=\pm100\%$の加力を4サイクル行い、3回目の履歴特性の$-\delta_2/2\sim+\delta_1/2$間の履歴曲線を回帰した直線のY切片の上下平均値を求める（図8.2.5参照）。

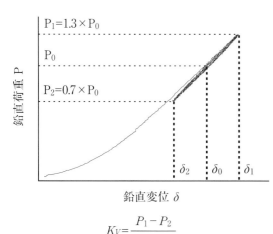

$$K_V=\frac{P_1-P_2}{\delta_1-\delta_2}$$

図8.2.4　鉛直剛性の算出方法

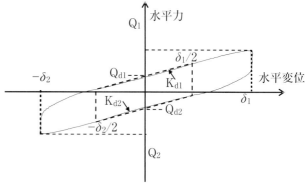

$$Kd=\frac{K_{d1}+K_{d2}}{2}, \quad Qd=\frac{\left|Q_{d1}\right|+\left|Q_{d2}\right|}{2}$$

図8.2.5　二次剛性および切片荷重の算出方法

（3）　鉛プラグ入り積層ゴムアイソレータの性能検査の例（（株）ブリヂストン）

　鉛プラグ入り積層ゴムアイソレータの性能検査は、表8.2.5に示す項目、測定方法で行われ、部材認定の判定基準が満たされていることを確認する。検査対象は、鉛直剛性、二次剛性、切片荷重とし全数検査する。

表8.2.5　鉛プラグ入り積層ゴムアイソレータの性能検査項目

検査項目	測　定　方　法
鉛直剛性 （Kv）	基準面圧相当の鉛直荷重を載荷し、荷重振幅±30％を3サイクル加力した時の3回目の履歴特性の最大変位値と最大荷重値の交点とその各最小値の交点を結んだ直線の傾きを算出する（図8.2.6参照）。
二次剛性 （Kd）	基準面圧相当の鉛直荷重を載荷し、せん断ひずみ$\gamma = \pm 100\%$の加力を3サイクル行い、3回目の履歴特性の最大変位値と最大荷重値の交点およびその各最小値の交点とY軸切片とを結んだ直線の傾きの上下平均値を求める（図8.2.7参照）。 国土交通省の免震部材認定に基づき、必要に応じて温度補正を行う。
切片荷重 （Qd）	基準面圧相当の鉛直荷重を載荷し、せん断ひずみ$\gamma = \pm 100\%$の加力を3サイクル行い、3回目の履歴特性のY軸切片の上下平均値を求める（図8.2.7参照）。 国土交通省の免震部材認定に基づき、必要に応じて温度補正、速度補正を行う。

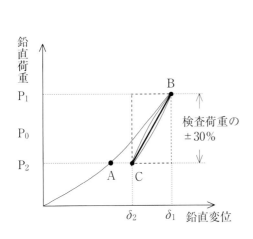

鉛直剛性：$Kv = \dfrac{P_1 - P_2}{\delta_1 - \delta_2}$

図8.2.6　鉛直剛性定数算出方法

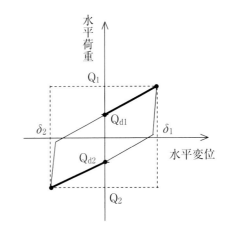

二次剛性：$Kd = \left(\dfrac{Q_1 - Q_{d1}}{\delta_1} + \dfrac{Q_2 - Q_{d2}}{\delta_2} \right) \times \dfrac{1}{2}$

切片荷重：$Qd = \dfrac{Q_{d1} - Q_{d2}}{2}$

図8.2.7　二次剛性および切片荷重の算出方法

（4）　錫プラグ入り積層ゴムアイソレータの性能検査の例（（株）免制震ディバイス）

　錫プラグ入り積層ゴムアイソレータの性能検査は、表 8.2.6 に示す項目、測定方法で行われ、製作・検査要領書の判定基準が満たされていることを確認する。検査対象は全数とする。

表 8.2.6　錫プラグ入り積層ゴムアイソレータの性能検査項目

検査項目	測　定　方　法
鉛直剛性 （Kv）	基準面圧相当の鉛直荷重を載荷し、荷重振幅±30％を3サイクル加力した時の3回目の履歴特性の最大変位値と最大荷重値の交点とその各最小値の交点を結んだ直線の傾きを算出する（図8.2.8参照）。
二次剛性 （K2）	基準面圧相当の鉛直荷重を載荷し、せん断ひずみ $\gamma=\pm100\%$ の加力を4サイクル行い、3回目の履歴特性の最大加振変位（δ max、δ min）の9割の範囲（0.9δ min～0.9δ max）の測定値を直線回帰した勾配 $K2_{UP}$ と $K2_{LO}$ の平均値を算出する（図8.2.9参照）。国土交通省の免震部材認定に基づき、必要に応じて温度補正を行う。
切片荷重 （Qd）	基準面圧相当の鉛直荷重を載荷し、せん断ひずみ $\gamma=\pm100\%$ の加力を4サイクル行い、3回目の履歴特性が囲む面積 ΔW と等しい上記二次剛性からなるバイリニアモデルを求め、このバイリニアモデルの荷重軸切片 Qd を算出する（図8.2.9参照）。

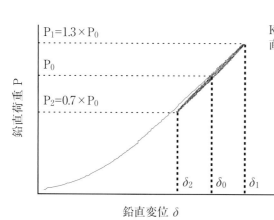

鉛直剛性：$K_V=\dfrac{P_1-P_2}{\delta_1-\delta_2}$

図 8.2.8　鉛直ばね定数算出方法

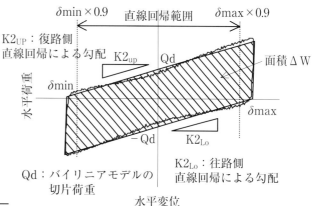

二次剛性：$K2=\dfrac{K2_{up}+K2_{Lo}}{2}$

切片荷重：Qd

図 8.2.9　二次剛性および切片荷重の算出方法

（5）　高減衰ゴム系積層ゴムアイソレータの性能検査の例（（株）ブリヂストン）

　高減衰ゴム系積層ゴムアイソレータの性能検査は、表8.2.7に示す項目、測定方法で行われ、部材認定の判定基準が満たされていることを確認する。検査対象は全数とする。

表 8.2.7　高減衰ゴム系積層ゴムアイソレータの性能検査項目

検査項目	測　定　方　法
鉛直剛性 （Kv）	基準面圧相当の鉛直荷重を載荷し、荷重振幅±30%を3サイクル加力した時の3回目の履歴特性の最大変位値と最大荷重値の交点とその各最小値の交点を結んだ直線の傾きを算出する（図8.2.10参照）。
等価水平剛性 （Keq）	基準面圧相当の鉛直荷重を載荷し、せん断ひずみ$\gamma = \pm 100\%$の加力を3サイクル行い、3回目の履歴特性の最大変位値と最大荷重値の交点とその各最小値の交点を結んだ直線の傾きを算出する（図8.2.11参照）。 国土交通省の免震部材認定に基づき、必要に応じて温度補正、速度補正を行う。
等価粘性 減衰定数 （Heq）	基準面圧相当の鉛直荷重を載荷し、せん断ひずみ$\gamma = \pm 100\%$の加力を3サイクル行い、3回目の履歴特性が囲む面積ΔWを求め、下式からHeqを算出する（図8.2.11参照）。 国土交通省の免震部材認定に基づき、必要に応じて温度補正、速度補正を行う。

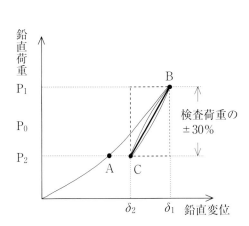

鉛直剛性：$K_V = \dfrac{P_1 - P_2}{\delta_1 - \delta_2}$

図 8.2.10　鉛直剛性定数算出方法

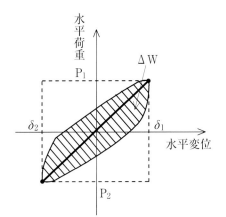

等価水平剛性：$Keq = \dfrac{P_1 - P_2}{\delta_1 - \delta_2}$

等価粘性減衰定数：

$$Heq = \frac{1}{\pi}\frac{\Delta W}{W}$$

$$W = \frac{1}{2}(\delta_1 - \delta_2)(P_1 - P_2)$$

図 8.2.11　等価水平剛性および
等価粘性減衰定数の算出方法

8.3　弾性すべり（剛すべり）アイソレータの品質管理・性能検査（例）

表8.3.1　弾性すべり（剛すべり）アイソレータの品質管理（例）

検査項目			検査方法	検査頻度	判定基準	処置	管理区分	
							製作者	施工者
材料検査	ゴム材料の物性検査	硬さ	JIS規格	1物件に1回以上（ロットごとに1回）	仕様に相違がないこと	材料の再製作	□	□
		引張強さ						
		伸び						
	使用鋼材等のミルシート		書類確認	全　数	仕様に相違がないこと	材料の再製作	□	□
外観検査	完成品の外観検査	ゴム表面	目視	全　数	有害な傷等がないこと	補　修	○	◎
		フランジ			有害な傷等がないこと	補　修		
		鋼材部の防錆			浮き、剥がれ等有害な欠陥がないこと	補　修		
寸法検査	積層ゴム・すべり材部分	製品高さ	ノギスで直交する4ヶ所を測定し、平均値を温度補正する	全　数	支承部高さ 200mm以下：設計値±3mm 200mm超　：設計値±5mm	補　修	○	◎
		フランジの傾き	直交する2方向の製品高さの差の大きい方とする		フランジの外径（外形）の0.5%かつ5mm	補　修		
		フランジの外径（外形）	ノギスまたはコンベックスで測定		設計値±3mm	補　修		
		すべり材外径（外形）	ノギスまたはコンベックスで測定		設計値±0.5% 設計値±4mm（製作者による）	再製作	□	□
		ゴム部外径（外形）	金型の内径（内寸）を測定		設計値±5mm			
	すべり板部分	ステンレス鋼板の辺長	コンベックスで直交する2方向を測定		設計値−3〜＋5mm	補修または再製作	○	◎
		ベース鋼板の辺長	コンベックスで直交する2方向を測定		設計値−3〜＋5mm			
		すべり板の厚さ	ノギスまたはデプスゲージで測定		設計値±2mm　JISによる			
		すべり板の平面度	ストレートエッジと隙間ゲージで直交する2方向を測定		すべり板辺長の1/500以内			
		すべり板（コートなし）の表面粗さ	表面粗さ計で測定もしくは研磨証明書による		仕様に相違がないこと			
		すべり板（コートあり）のコート膜厚	膜厚計で測定		仕様に相違がないこと			
	共通部分	取付けボルト孔ピッチ（位置）	テンプレートで確認		1500mm未満：設計値±1.2mm 1500mm以上：設計値±2.0mm			
		取付けボルト孔径	ノギスで測定	サイズごと1箇所を測定	設計値±0.5mm 仕様に相違がないこと			
防錆	塗装膜厚検査（電磁膜厚計などによる）		【塗装】膜厚計で測定	同一製品中50%以上	仕様に相違がないこと	補　修	○	◎
性能検査	鉛直特性確認試験	鉛直剛性　Kv	製作者取得の認定による	全　数	設計値±30%	再製作	○	◎
	水平特性確認試験	一次剛性　K₁			設計値±30%			
		摩擦係数　μ			設計値±50%			

凡例　◎：施工者立会検査（一般的には抜取り検査で実施、抜取り数は監理者と協議）
　　　○：製作者自主検査
　　　□：書類による審査
※　検査項目および判定基準については、製作者が取得した国土交通省の大臣認定に準拠する。

表 8.3.2　弾性すべり（剛すべり）アイソレータの寸法検査方法（例）

寸 法 検 査 項 目	測定方法
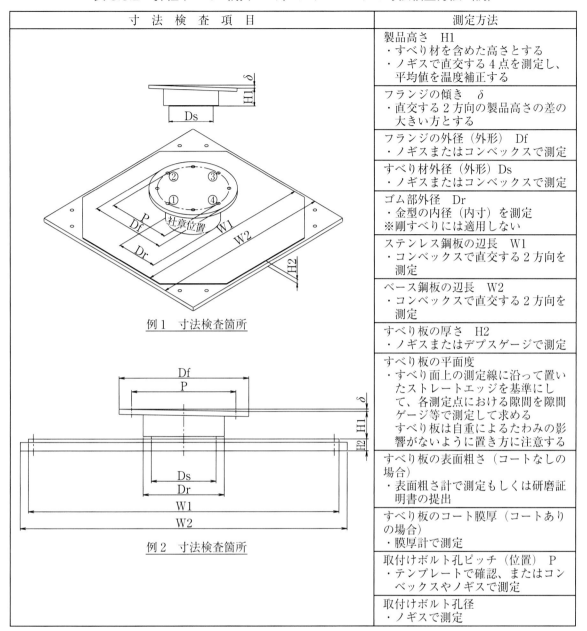 例 1　寸法検査箇所 例 2　寸法検査箇所	製品高さ　H1 ・すべり材を含めた高さとする ・ノギスで直交する 4 点を測定し、平均値を温度補正する
	フランジの傾き　δ ・直交する 2 方向の製品高さの差の大きい方とする
	フランジの外径（外形）　Df ・ノギスまたはコンベックスで測定
	すべり材外径（外形）Ds ・ノギスまたはコンベックスで測定
	ゴム部外径　Dr ・金型の内径（内寸）を測定 ※剛すべりには適用しない
	ステンレス鋼板の辺長　W1 ・コンベックスで直交する 2 方向を測定
	ベース鋼板の辺長　W2 ・コンベックスで直交する 2 方向を測定
	すべり板の厚さ　H2 ・ノギスまたはデプスゲージで測定
	すべり板の平面度 ・すべり面上の測定線に沿って置いたストレートエッジを基準にして、各測定点における隙間を隙間ゲージ等で測定して求める 　すべり板は自重によるたわみの影響がないように置き方に注意する
	すべり板の表面粗さ（コートなしの場合） ・表面粗さ計で測定もしくは研磨証明書の提出
	すべり板のコート膜厚（コートありの場合） ・膜厚計で測定
	取付けボルト孔ピッチ（位置）　P ・テンプレートで確認、またはコンベックスやノギスで測定
	取付けボルト孔径 ・ノギスで測定

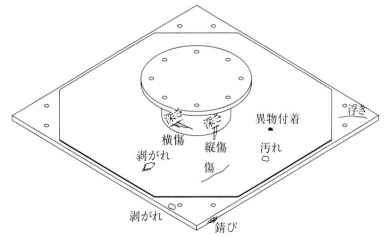

図 8.3.1　弾性すべり（剛すべり）アイソレータの外観の傷、変形のイメージ

表 8.3.3　球面すべりアイソレータ（FPS）の品質管理（例）

検 査 項 目			検査頻度	判 定 基 準	処 置	管理区分	
						製作者	施工者
材料検査	使用鋼材のミルシート		全　数	仕様に相違がないこと	材料の再製作	□	□
	すべり材のミルシート	引張強さ		仕様に相違がないこと	材料の再製作	□	□
		伸び					
		硬さ					
外観検査	完成品の外観検査	すべり材	全　数	有害な傷や変形、塗装、めっきの浮き	補　修	○	◎
		すべり板		すべり面の傷、汚れ、錆			
寸法検査	製品高さ		全　数	設計値±2 mm	補　修または再製作	○	◎
	製品の傾き			設計値1/300以下			
	球面部半径			設計値±2 mm			
	球面板辺長			設計値±3 mm			
	取付け孔位置			テンプレートでの確認			
防錆	塗装膜厚検査（電磁膜厚計などによる測定）		同一製品中50%以上	仕様に相違がないこと	補　修	○	◎
性能検査	水平特性確認試験	水平剛性（第2剛性）K_2	全　数	設計値±8%	補　修または再製作	○	◎
		摩擦係数 μ [1]		設計値±0.015			

凡例　◎：施工者立会検査（一般的には抜取り検査で実施、抜取り数は監理者と協議）
　　　○：製作者自主検査
　　　□：書類による審査
＊1)　指定軸力下での水平抵抗力の測定。

※　検査項目および判定基準については、製作者が取得した国土交通省の大臣認定に準拠する。

表 8.3.4　球面すべりアイソレータ（FPS）の寸法検査方法（例）

寸　法　検　査　項　目	測定方法
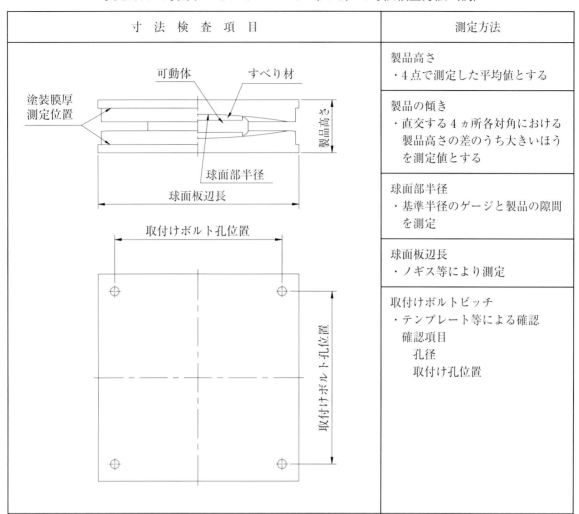	製品高さ ・4点で測定した平均値とする
	製品の傾き ・直交する4ヵ所各対角における製品高さの差のうち大きいほうを測定値とする
	球面部半径 ・基準半径のゲージと製品の隙間を測定
	球面板辺長 ・ノギス等により測定
	取付けボルトピッチ ・テンプレート等による確認 　確認項目 　　孔径 　　取付け孔位置

133

(1)　弾性すべりアイソレータの性能検査の例（オイレス工業（株））

　弾性すべりアイソレータの性能検査は、表8.3.5 に示す項目、測定方法で行われ、部材認定の判定基準が満たされていることを確認する。検査対象は、鉛直剛性、一次剛性、動摩擦係数とし全数検査する。

表8.3.5　弾性すべりアイソレータの性能検査項目

検査項目	測　定　方　法
鉛直剛性 （Kv）	基準面圧相当の鉛直荷重を載荷し、荷重振幅± 30%を 4 サイクル加力した時の 3 回目の履歴特性の最大変位値と最大荷重値の交点とその各最小値の交点を結んだ直線の傾きを算出する（図 8.3.2 参照）。
一次剛性 （K1）	基準面圧相当の鉛直荷重を載荷し、± 200mm のせん断変形加力し 4 サイクル加力した時の 3 回目の履歴曲線の除荷部分の傾きの左右平均値を求める（図 8.3.3 参照）。
動摩擦係数 （μ）	基準面圧相当の鉛直荷重を載荷し、± 200mm のせん断変形加力し 4 サイクル加力した時の 3 回目の正負の切片荷重 Q_{d1}, Q_{d2} の平均値を鉛直荷重で除して求める（図 8.3.3 参照）。

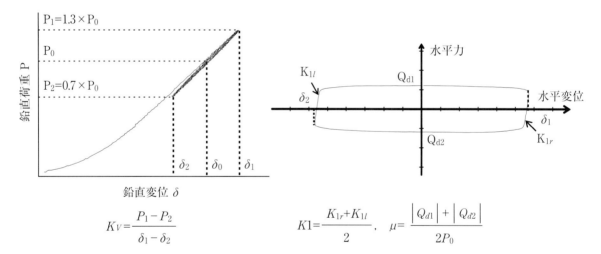

$$K_V=\frac{P_1-P_2}{\delta_1-\delta_2}$$

$$K1=\frac{K_{1r}+K_{1l}}{2}, \quad \mu=\frac{\left|Q_{d1}\right|+\left|Q_{d2}\right|}{2P_0}$$

図 8.3.2　鉛直剛性の算出方法　　　図 8.3.3　一次剛性および動摩擦係数の算出方法

（2）　弾性すべりアイソレータの性能検査の例（昭和電線ケーブルシステム（株））

　弾性すべりアイソレータの性能検査は、表 8.3.6 に示す項目、測定方法で行われ、部材認定の判定基準が満たされていることを確認する。検査対象は、鉛直ばね定数、水平ばね定数、摩擦係数とし全数検査する。

表 8.3.6　弾性すべりアイソレータの性能検査項目

検査項目	測　定　方　法
鉛直ばね定数	基準面圧相当の鉛直荷重を載荷し、荷重振幅 ± 30％を 3 サイクル加力した時の 3 回目の履歴特性の最大変位値と最大荷重値の交点とその各最小値の交点を結んだ直線の傾きを算出する（図 8.3.4 参照）。
水平ばね定数	すべり材部に基準面圧相当の鉛直荷重を載荷し、所定の水平変位の加力を 4 サイクル行い、3 回目の履歴特性の上下荷重軸切片の半分の荷重範囲における除荷時の戻り勾配の左右平均値を算出する（図 8.3.5 参照）。
摩擦係数	すべり材部に基準面圧相当の鉛直荷重を載荷し、所定の水平変位の加力を 4 サイクル行い、3 回目の履歴特性の上下荷重軸切片の値を、そのときの鉛直荷重で除した値の平均値を求める（図 8.3.5 参照）。

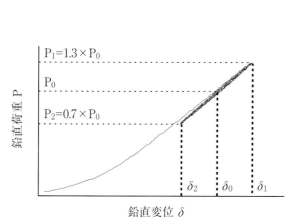

鉛直ばね定数：$\dfrac{P_1 - P_2}{\delta_1 - \delta_2}$

図 8.3.4　鉛直ばね定数算出方法

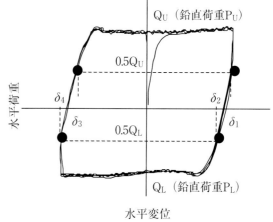

水平ばね定数：

$$\left(\frac{0.5Q_U - 0.5Q_L}{\delta_1 - \delta_2} + \frac{0.5Q_U - 0.5Q_L}{\delta_3 - \delta_4}\right) \times \frac{1}{2}$$

摩擦係数：$\left(\dfrac{Q_U}{P_U} - \dfrac{Q_L}{P_L}\right) \times \dfrac{1}{2}$

図 8.3.5　水平ばね定数および摩擦係数の算出方法

（3）　剛すべりアイソレータの性能検査の例（昭和電線ケーブルシステム（株））

　剛すべりアイソレータの性能検査は、表8.3.7に示す項目、測定方法で行われ、部材認定の判定基準が満たされていることを確認する。検査対象は、摩擦係数とし全数検査する。

表8.3.7　剛すべりアイソレータの性能検査項目

検査項目	測　定　方　法
摩擦係数	すべり材部に基準面圧相当の鉛直荷重を載荷し、所定の水平変位の加力を4サイクル行い、3回目の履歴特性の上下荷重軸切片の値を、そのときの鉛直荷重で除した値の平均値を求める（図8.3.6、8.3.7参照）。

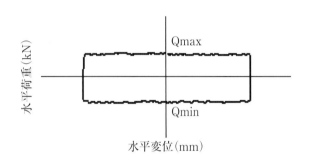

摩擦係数：$\dfrac{Q_{max}+Q_{min}}{2 \cdot P_0}$（$P_0$：鉛直荷重）

図8.3.6　摩擦係数算出方法（低摩擦）

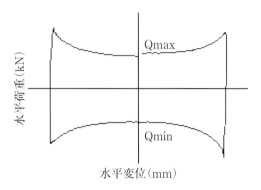

摩擦係数：$\dfrac{Q_{max}+Q_{min}}{2 \cdot P_0}$（$P_0$：鉛直荷重）

図8.3.7　摩擦係数算出方法（中摩擦）

（4）　球面すべりアイソレータ（FPS）の性能検査の例（オイレス工業（株））

　球面すべりアイソレータの性能検査は、表8.3.8に示す項目、測定方法で行われ、部材認定の判定基準が満たされていることを確認する。検査対象は、第2剛性、動摩擦係数とし全数検査する。

表8.3.8　球面すべりアイソレータの性能検査項目

検査項目	測　定　方　法
第2剛性 （K_2）	基準面圧相当の鉛直荷重を載荷し、± 200mm のせん断変形加力し4サイクル加力した時の3回目の履歴特性の$-\delta_2/2 \sim +\delta_1/2$間の履歴曲線を回帰した直線の傾きの上下平均値を求める。δは水平変形量（図8.3.8参照）。
動摩擦係数 （μ）	基準面圧相当の鉛直荷重を載荷し、± 200mm のせん断変形加力し4サイクル加力した時の3回目の正負の切片荷重 Q_{1u}, Q_{1d} の平均値を鉛直荷重で除して求める（図8.3.8参照）。

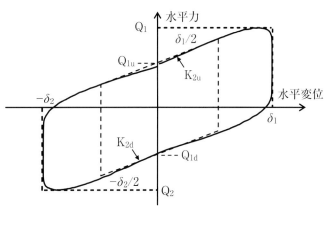

$$K_2 = \frac{K_{2u} + K_{2d}}{2}, \quad \mu = \frac{\left|Q_{1u}\right| + \left|Q_{1d}\right|}{2P}$$

図8.3.8　第2剛性および動摩擦係数の算出方法

137

8.4　直動転がりアイソレータの品質管理・性能検査（例）

表 8.4.1　直動転がりアイソレータの品質管理の例　（（株）免制震ディバイス）

	検査項目		検査方法	検査頻度	判定基準	処置	管理区分 製作者	管理区分 施工者
材料検査	リニアガイド	リニアブロック リニアレール 負荷ボール	ミルシートによる材質確認	全　数	仕様に相違がないこと	材料の再製作	□	□
		レール固定ボルト ブロック接続ボルト	検査成績書による強度区分確認					
	ゴムシム	ゴム	検査成績書によるゴム物性確認	ロットごと				
		シムプレート	ミルシートによる材質確認	全　数				
	フランジプレート鋼板		ミルシートによる材質確認	全　数				
外観検査	完成品の外観検査 （傷・錆・汚れの有無）		目視	全　数	有害な傷や変形がないこと 転動面が露出していないこと	補　修	○	◎
寸法検査	リニアガイド	レール長さ	検査成績書による確認	全　数	設計値−0〜+6mm	再製作	○	□
		レール高さ・幅		全　数	認定規格による （装置のサイズにより異なる）			
		ブロック幅・長さ		全　数				
	ゴムシム	ゴムシム外形・厚さ		全　数	設計値±2mm			
	フランジプレート	外形（長さ・幅）	スケールまたはノギスによる測定	全　数	JIS B0417B 級 *4)	再製作	○	◎
		厚さ		全　数	JIS G3193			
		ボルト孔位置 *5)		全　数	隣接 ± 1.0mm 累積 ± 1.5mm			
	組立精度	製品高さ	スケールまたはノギスによる測定	全　数	設計値 ± 3mm	補修または再組立	○	◎
		レール軸傾斜角(θx)		全　数	1／500 以下			
		レール直交傾斜角(θy)			1／500 以下			
		レール直角度(θor)			1／300 以下			
		同一平面上の レール平行度		全　数	1／500 以下			
		ブロック位置ずれ		全　数	± 5mm 以内			
防錆処理検査	リニアブロック		膜厚計による測定	全　数	仕様に相違がないこと	補　修	○	□
	リニアレール							
	フランジプレート						○	◎
性能検査	摺動性確認検査	転がり*1) 抵抗値	テンションゲージ等による測定	全　数	基準値以下	調整または再製作	○	◎
	転がり摩擦係数試験	転がり*2) 摩擦係数	製作者取得の認定による	抜取り*3)	認定規格による （装置のタイプにより異なる）		○	◎
	鉛直圧縮剛性試験	鉛直剛性			基準値 ± 20%			

凡例　◎：施工者立会検査（一般には抜取り検査で実施、抜取り数は監理者と協議）
　　　○：製作者自主検査
　　　□：書類による審査
*1)　組み立て状態において、無負荷状態の水平抵抗力の測定。
*2)　指定軸力下での水平抵抗力を測定し、軸力との比で摩擦係数を求める。
*3)　抜取り数は特記仕様書によるかまたは監理者と協議の上、適切な値を設定する。
　　　部材認定規格ではメーカー製造ロットに対する抜取りのため、個々の物件では実施されない場合がある。
*4)　JIS B0417：ガス切断加工鋼板普通許容差。許容差の値は板厚と切断長さにより異なる。
*5)　テンプレートによる確認も可。設計図書の特記仕様書により、ベースプレートの寸法精度と整合すること。
※　判定基準については、本表のほか、製作者が取得した国土交通省の免震部材認定に基づき、協議の上適切な値を設定する。

表 8.4.2　直動転がりアイソレータの寸法検査方法の例　（(株) 免制震ディバイス）

寸　法　検　査　項　目	測定方法
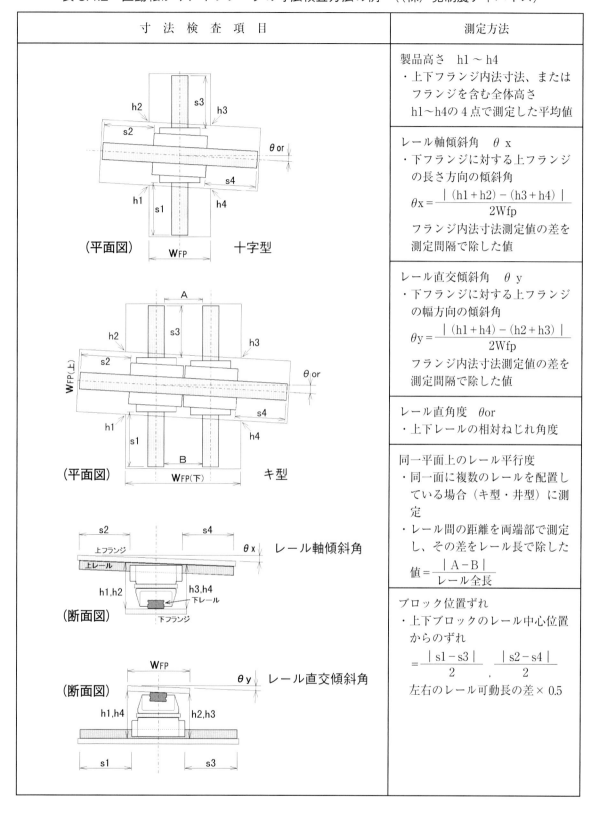	製品高さ　h1 ～ h4 ・上下フランジ内法寸法、または 　フランジを含む全体高さ 　h1～h4の4点で測定した平均値
	レール軸傾斜角　θx ・下フランジに対する上フランジ 　の長さ方向の傾斜角 $$\theta x = \frac{|(h1+h2)-(h3+h4)|}{2Wfp}$$ フランジ内法寸法測定値の差を 測定間隔で除した値
	レール直交傾斜角　θy ・下フランジに対する上フランジ 　の幅方向の傾斜角 $$\theta y = \frac{|(h1+h4)-(h2+h3)|}{2Wfp}$$ フランジ内法寸法測定値の差を 測定間隔で除した値
	レール直角度　θor ・上下レールの相対ねじれ角度
	同一平面上のレール平行度 ・同一面に複数のレールを配置し 　ている場合（キ型・井型）に測 　定 ・レール間の距離を両端部で測定 　し、その差をレール長で除した 　値 = $\dfrac{|A-B|}{レール全長}$
	ブロック位置ずれ ・上下ブロックのレール中心位置 　からのずれ $$= \frac{|s1-s3|}{2}, \frac{|s2-s4|}{2}$$ 左右のレール可動長の差 × 0.5

（1）　直動転がりアイソレータの性能検査の例　（（株）免制震ディバイス）

　直動転がりアイソレータの性能検査は、表8.4.3 に示す項目、測定方法で行われ、部材認定の判定基準が満たされていることを確認する。検査対象は、摺動性確認検査は全数、鉛直圧縮剛性試験および転がり摩擦係数試験は部材認定基準による製造ロットごとの抜取りとするが、特記仕様書に指定がある場合はそれに従う。

表8.4.3　直動転がりアイソレータの性能検査項目

検査項目	測　定　方　法
摺動性確認検査	無負荷状態の装置を水平に置き、転がり抵抗を測定できる計測器（テンションゲージ等）を用いて装置の上部を牽引または押し出し、その抵抗値が基準値以下であることを確認する。
鉛直圧縮剛性試験	製品に鉛直圧縮荷重をかけ、荷重を $0.5P_0 \sim 1.0P_0$（$P_0 =$ 静定格圧縮荷重）の幅で変動させ、鉛直荷重差を鉛直変位差で割った値を鉛直剛性 Kv（鉛直ばね定数）とする。載荷〜除荷は3サイクル繰り返し、判定には3サイクル目のデータを用いる（図8.4.1 参照）。
転がり摩擦係数試験	静定格圧縮荷重 P_0 を鉛直載荷した状態で所定の水平変位（＋側・－側）まで水平加振を行い、水平抵抗力 F（転がり摩擦抵抗力）を圧縮荷重 P_0 で割った値を転がり摩擦係数 μ とする。水平加振は4サイクル繰り返し、判定には3サイクル目のデータを用いる（図8.4.2 参照）。

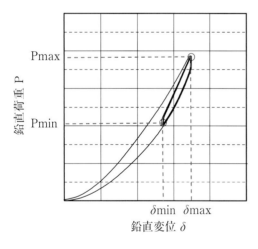

$$鉛直圧縮剛性 K_V = \frac{P_{max} - P_{min}}{\delta_{max} - \delta_{min}}$$

図8.4.1　鉛直圧縮剛性の算出方法

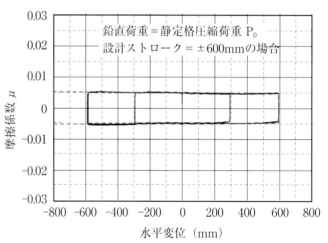

$$転がり摩擦係数 \mu = \frac{水平抵抗力 F（＋側と－側の平均値）}{鉛直荷重 P_0}$$

図8.4.2　転がり摩擦係数の算出方法

8.5　鋼製ダンパー（U型）の品質管理・性能検査（例）

表 8.5.1　U 型ダンパーの品質管理の例（日鉄エンジニアリング（株））

	検　査　項　目	検査頻度	判定基準	処　置	管理区分	
					製作者	施工者
材料検査	降伏点	製鋼番号ごとかつ熱処理ごと試験片 3 本	仕様に相違ないこと	材料の再製作	○	□
	引張強さ					
	伸び					
	シャルピー衝撃値					
	鋼材のミルシート	全　数	仕様に相違ないこと	材料の再製作	□	□
外観検査	外観検査	全　数	有害な傷や変形がないこと 塗装の浮き、剥がれがないこと	補　修	○	◎
寸法検査	製品高さ	全　数	設計値 ±10mm	交　換	○	◎
	ダンパー厚さ、幅		設計値 ±1.5mm[*1]			
	ダンパー長さ		設計値 ±12mm[*1]			
防錆検査	塗装膜厚検査 （電磁膜厚計などにより測定）	同一製品中50％以上の抜取り	設計値以上	補　修	○	◎
溶接部検査	塗装部外観検査	全　数	形状に異常がないこと	補修あるいは再製作	○	◎
	スタッド溶接後の外観[*1]					
	スタッド溶接部の打撃曲げ試験[*1]	指定数量	溶接部に異常がないこと	再製作		
性能検査	一次剛性	2 年に一度の抜取り[*2]	設計値 ±10％	－	○	□
	降伏荷重		設計値 ±10％			
	限界変形性能		限界変形量で 5 サイクル以上破断しないこと			

凡例　◎：施工者立会検査（一般的には抜取り検査で実施、抜取り数は監理者と協議）
　　　○：製作者自主検査
　　　□：書類による審査
＊1）　判定基準値はダンパーサイズによって異なる。
＊2）　性能検査は製作者の定期的な自主検査となり、施工者は検査報告書を受領し、書類審査を行う。
　※　　検査項目および判定基準については、製作者が取得した国土交通省の大臣認定に準拠する。

表8.5.2　U型ダンパーの寸法検査方法の例（日鉄エンジニアリング（株））

寸 法 検 査 項 目	測定方法
ダンパー厚さ，幅 	ダンパー材1本につき2ヵ所 （R部と平行部） ・設計値 ± 1.5mm[1]
製品高さ 	ベースプレート間の内法寸法 ・設計値 ± 10mm
ダンパー長さ 	組立後のダンパー長さ ・設計値 ± 12mm[1]

＊1）判定基準値はダンパーサイズによって異なる。

8.6　オイルダンパーの品質管理・性能検査（例）
　　　（日立オートモティブシステムズ（株）、カヤバシステムマシナリー（株））

表 8.6.1　オイルダンパーの品質管理（例）

	検　査　項　目	検査頻度	判定基準	処　置	管理区分	
					製作者	施工者
材料検査	シリンダーのミルシート	納入ロットごと	部材認定書および製作要領書の仕様どおりであること	材料の再製作	□	□
	ロッドのミルシート					
	取付けピンのミルシート					
	作動油					
外観検査	外観検査	全　数	有害な傷や変形がないこと	補　修	○	◎
寸法検査	ストローク長さ	全　数	部材認定書および製作要領書の仕様どおりであること	補　修	○	◎
	各部寸法					
溶接部検査	主要強度部材溶接部の浸透探傷検査または超音波探傷検査	全　数	JIS Z 2343 または JIS Z 3060 による溶接内部欠陥の規定	補　修	○	□
静作動検査	作動状況	全　数	全行程にわたり円滑に作動すること	補　修	○	◎
耐圧検査	油漏れ状況	全　数	性能検査中に油漏れがない（目視）こと	補　修	○	◎
減衰性能検査	減衰力－速度性能	全　数	設計値 ±15%	補　修	○	◎

凡例　◎：施工者立会検査（一般的には抜取り検査で実施、抜取り数は監理者と協議）
　　　○：製作者自主検査
　　　□：書類による審査

143

オイルダンパーの減衰性能検査の例

　製作・検査要領書に従って減衰性能検査を行う。リニア特性の場合３点の減衰力を、バイリニア特性の場合、減衰係数 C1 領域で１点、減衰係数 C2 領域において２点の減衰力を検査し、設計特性に対する妥当性を検査する。バイリニア型オイルダンパーの減衰性能検査例を示す。

　正弦波加振を行い、各速度での減衰力 F は図 8.6.1、8.6.2 に示す減衰力（F）－変位（δ）線図での伸長側、圧縮側の最大値を読み取り、図 8.6.3 に示す減衰力（F）－速度（V）線図にプロットする。このプロットした値が規格値の所定のばらつき（例では ±15%）以内であることを確認する。リリーフ荷重付近では減衰力がばらつきやすくなるため、減衰力計測の速度条件は通常リリーフ速度付近の計測を避けて行う（例では 25cm/s、50cm/s、100cm/s）。

　加振サイクル数は、加振条件や試験機能力に応じて設定する必要がある。

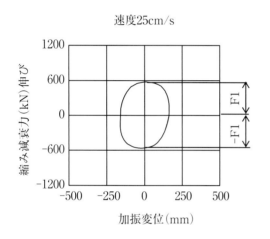

図 8.6.1　C1 領域の減衰力（F）－変位（δ）線図

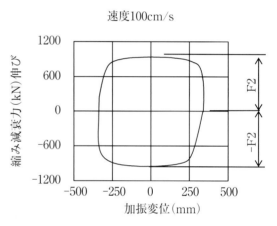

図 8.6.2　C2 領域の減衰力（F）－変位（δ）線図

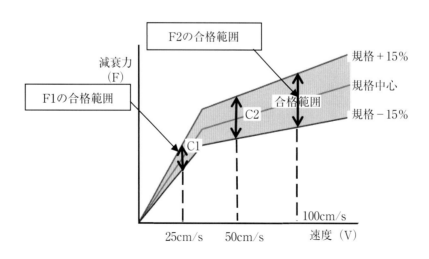

図 8.6.3　減衰力（F）－速度（V）線図

144

8.7 免震工事概要報告書（例）

免震工事概要報告書　1/2

工事概要	工事名称									確認番号		
	建設場所									評価(定)番号		
	発注者				設計監理者							
	施工者				工　期		年	月	～		年	月
	建築面積		m²	階　数	地上	階	地下	階	塔屋	階	用途	
	延べ面積		m²	高　さ	軒高		m	最高部高さ		m	構造	

基礎概要	基礎形式	直接基礎　・　杭基礎	地下水位	GL-	m	地盤改良の有無	有　・　無
	基礎・杭深さ	GL-　　　　　　m	地盤種別	第1種　・　第2種　・　第3種			改良工法(　　　　　　　)

免震部材配置図および断面図	断面図 免震部材配置図

免震部概要	アイソレータ・ダンパー	種類	寸法	メーカー	数量	種類	寸法	メーカー	数量
	新築・改修	新築工事　・　改修工事	免震層の位置	基礎・中間(　　　)	水平クリアランス	mm	鉛直クリアランス	mm	

報告者	氏　名		所　属		記録日	年	月
	連絡先		免震部建築施工管理技術者登録番号				
	本人の役割	施工・施工計画・工事管理・工事監理・設計・その他(　　　　　　　　　)					

承認者(上司)		印	所　属	

JSSI　一般社団法人日本免震構造協会　｜　整理No.

8. 付　録

免 震 工 事 概 要 報 告 書　2/2							

施工管理書類	管理書類名称	作成	管理書類名称	作成	管理書類名称	作成
	免震工事施工計画書		免震部材製作・検査報告書		免震部施工時検査報告書	
	免震部材製作・検査要領書		設備配管継手検査成績書		免震部竣工時検査報告書	
	免震部材製作管理報告書		免震Exp.J検査成績書		作成した管理書類　：　○	

主な免震部材の製作管理

アイソレータ

種　類		

管 理 項 目		JSSI標準による	特記仕様書による	管 理 値
外観・寸法 検査	高さ			
	傾き			
	ずれ			
性 能 検 査	鉛直剛性			
	水平剛性			

ダンパー

種　類	

管 理 項 目	JSSI標準による	特記仕様書による	管 理 値
外観・寸法 検査			
性 能 検 査			

仮設計画

仮設拘束材	無　・　有　設定した水平力：
外 部 足 場	無　・　有　設置上の配慮　：
タワークレーン	無　・　有　設置上の配慮　：
	設置上の配慮　　　　：
上記を実施した結果考察	

主な施工精度管理

管理項目		JSSI標準による	特記仕様書による	管 理 値	実測値の範囲
アイソレータ下部ベースプレート据付け	水平精度				
	位置精度				
ダンパー下部ベースプレート据付け	水平精度				
	位置精度				
クリアランス	水平精度				
	鉛直精度				

ベースプレート下部充填工法

1. グラウト充填工法 （グラウト高さ：　　　　　　　　　mm ）
2. コンクリート充填工法 （コンクリートの種類とスランプ又はフロー値：　　　）
充填性試験の実施　　　実施せず ・ 実施した （充填率：　　　　）

主な竣工時の管理

管理項目		管 理 値	実測値の範囲
建物本体の位置			
アイソレータ	水平変位量		
	鉛直変位量		

維持管理体制	未定 ・ 決定（　　　　　　　　　　　　　　　　　　　　　）

JSSI　一般社団法人日本免震構造協会

免 震 工 事 概 要 報 告 書　1/2　　　　記入例

工事名称	OOOOビル										確認番号	00-000

<table>
<tr><td rowspan="5">工事概要</td><td>建設場所</td><td colspan="6">OO市OO町OO丁目O番地</td><td colspan="2">評価(定)番号</td><td colspan="2">BCJ-免 OOO</td></tr>
<tr><td>発注者</td><td colspan="4">OOO株式会社</td><td colspan="2">設計監理者</td><td colspan="4">株式会社OOO設計</td></tr>
<tr><td>施工者</td><td colspan="4">OO建設株式会社・株式会社OO建設JV</td><td>工　期</td><td colspan="5">2000 年 1 月 ～ 2003 年 12 月</td></tr>
<tr><td>建築面積</td><td>5000.00</td><td>m²</td><td>階　数</td><td colspan="4">地上 9 階　地下 1 階　塔屋 1 階</td><td>用途</td><td colspan="2">事務所</td></tr>
<tr><td>延べ面積</td><td>27000.00</td><td>m²</td><td>高　さ</td><td colspan="2">軒高 45.0 m</td><td colspan="2">最高部高さ 47.0 m</td><td>構造</td><td colspan="2">SRC造</td></tr>
</table>

<table>
<tr><td rowspan="2">基礎概要</td><td>基礎形式</td><td colspan="2">直接基礎 ・ 杭基礎</td><td>地下水位</td><td colspan="2">GL- 2.0 m</td><td rowspan="2">地盤改良の有無</td><td colspan="2">有 ・ 無</td></tr>
<tr><td>基礎・杭深さ</td><td colspan="2">GL- 32.0 m</td><td>地盤種別</td><td colspan="2">第1種 ・ 第2種 ・ 第3種</td><td colspan="2">改良工法(──)</td></tr>
</table>

<table>
<tr><td rowspan="2">免震部材配置図及び断面図</td><td colspan="3">断面図</td></tr>
<tr><td colspan="3">免震部材配置図

</td></tr>
</table>

	免震部概要	アイソレータ・ダンパー	種類	寸法	メーカー	数量	種類	寸法	メーカー	数量
			天然ゴム系積層ゴム	800φ	OOOO	26	鉛ダンパー(U型)	180φ	OOOO	60
			天然ゴム系積層ゴム	900φ	OOOO	30	鋼棒ダンパー(R285)	70φ	OOOO	36
			天然ゴム系積層ゴム	1000φ	OOOO	16				

	新築・改修	新築工事 ・ 改修工事	免震層の位置	基礎・中間(B1F柱頭)	水平クリアランス	600 mm	鉛直クリアランス	80 mm

<table>
<tr><td rowspan="3">記録者</td><td>氏　名</td><td colspan="2">OO OO</td><td>所　属</td><td colspan="2">OO株式会社 OO部</td><td>記録日</td><td colspan="2">2004 年 12 月</td></tr>
<tr><td>連絡先</td><td colspan="3">OO部ダイヤルイン 00-0000-0000</td><td colspan="3">免震部建築施工管理技術者登録番号</td><td colspan="2">OO 0000</td></tr>
<tr><td>本人の役割</td><td colspan="8">施工 ・ 施工計画 ・ 工事管理 ・ 工事監理 ・ 設計 ・ その他( )</td></tr>
</table>

承認者(上司)	OO OO	印	所　属	OO株式会社 OO部

JSSI　一般社団法人日本免震構造協会		整理No.	

| 免 震 工 事 概 要 報 告 書　2/2 | | 記入例 |

施工管理書類	管理書類名称	作成	管理書類名称	作成	管理書類名称	作成
	免震工事施工計画書	○	免震部材製作・検査報告書	○	免震部施工時検査報告書	○
	免震部材製作・検査要領書	○	設備配管継手検査成績書	○	免震部竣工時検査報告書	○
	免震部材製作管理報告書	○	免震Exp.J検査成績書	○	作成した管理書類 ： ○	

主な免震部材の製作管理

アイソレータ

種　類		天然ゴム系積層ゴム			
管 理 項 目		JSSI標準による	特記仕様書による	管 理 値	
外観・寸法 検査	高さ	○		設計値±1.5%かつ±6 mm	
	傾き	○		フランジ外径の0.5%以下、かつ3 mm以下	
	ずれ	○		フランジ端部最大ずれ5 mm以下	
性 能 検 査	鉛直剛性	○		設計値±20%	
	水平剛性		○	平均値が設計値±10%	

ダンパー

種　類		鉛ダンパー（U型）			
管 理 項 目		JSSI標準による	特記仕様書による	管 理 値	
外観・寸法 検査	高さ	○		設計値±2.5 mm	
	軸径	○		設計値±5.0 mm	
性 能 検 査	降伏耐力	○		設計値±10%	
	ホモゲン溶着部	○		超音波探傷試験にて溶着率90%以上	

仮設計画

仮設拘束材	無 ・ ⓗ 設定した水平力：	鉄骨建方用とし、アイソレータ1箇所当たり3 t 程度
外 部 足 場	ⓝ ・ 有 設置上の配慮：	
タワークレーン	無 ・ ⓗ 設置上の配慮：	検討用地震動を設定し、タワークレーンの変形追従性、つなぎ材を検討
工事用リフト	設置上の配慮：	上部構造のみに接続
上記を実施した結果考察	施工期間中に震度4の地震を経験したものの問題は生じなかった。	

主な施工精度管理

管理項目		JSSI標準による	特記仕様書による	管 理 値	実測値の範囲
アイソレータ下部ベースプレート据付け	水平精度	○		傾き 1/400以下	1/420 ～ 1/1000
	位置精度	○		X,Y,Z ±5 mm	X,Y,Z ±3 mm
ダンパー下部ベースプレート据付け	水平精度	○		傾き1/300以下、反り1/400かつ4 mm以下	傾き1/410以下、反り1/560以下
	位置精度	○		X,Y,Z ±5 mm	X,Y,Z ±2 mm
クリアランス	水平精度		○	600 mm以上	610 mm以上
	鉛直精度		○	80～100 mm	85～100 mm

ベースプレート下部充填工法	1. グラウト充填工法　（グラウト高さ：　　　　　　　　　　　mm ）
	② コンクリート充填工法　（コンクリートの種類とスランプ又はフロー値： 高流動コンクリート、スランプフロー55 cm）
	充填性試験の実施　　実施せず ・ 実施した　（充填率：径4 mm以上の空隙をカウントし、95%）

主な竣工時の管理

管理項目		管 理 値	実測値の範囲
建物本体の位置		定期、臨時点検用のマーキングのみ	—
アイソレータ	水平変位量	フランジ端部最大ずれ 10 mm 以下	フランジ端部最大ずれ 0～3 mm
	鉛直変位量	工場検査時± 5 mm（温度補正後）	工場検査時-2.0～-1.2 mm（温度補正後）

維持管理体制	未定 ・ ⓓ決定　（ 連絡先は○○会社：03-0000-0000、JSSI認定の点検資格技術者所属　　）

JSSI 一般社団法人日本免震構造協会

ＪＳＳＩ 免震構造施工標準2021
（メンシンコウゾウセ コ ウヒョウジュン）

令和３年６月25日　初版発行	編　集　一般社団法人 日本免震構造協会
令和６年５月１日　第３刷発行	〒150-0001　東京都渋谷区神宮前2-3-18 JIA館2階

　　　　　　　　　　　　　　　　　　　　　電話　(03)5775-5432
　　　　　　　　　　　　　　　　　　　　　https://www.jssi.or.jp

発　行　一般財団法人 経 済 調 査 会
〒105-0004　東京都港区新橋6-17-15
　　　　　　　　　　電話　(03)5777-8221〔編集〕
　　　　　　　　　　　　　(03)5777-8222〔販売〕
　　　　　　　　　　FAX (03)5777-8237〔販売〕
　　　　　　　　　　E-mail：book@zai-keicho.or.jp
　　　　　　　　　　https://www.zai-keicho.or.jp

建設関連図書販売サイト
BookけんせつPlaza
https://book.zai-keicho.or.jp/

印刷・製本　日本印刷株式会社

ISBN978-4-86374-296-3